Aves do Alentejo

Lista Anotada

Gonçalo Elias

Aves do Alentejo

Lista Anotada

Título:	Aves do Alentejo
	Lista Anotada
Autor:	Gonçalo Elias
Revisão do texto:	Carlos Pacheco
Fotografia da capa:	Cortiçol-de-barriga-preta *Pterocles orientalis*
	(Pedro Marques)
Arte digital:	C. Maria Elias (fotos de aves – Pedro Marques)
Produção:	C. Maria Elias
Impressão:	Kindle Direct Publishing
Distribuição:	Amazon.com

Janeiro de 2021

ISBN: 978-1532803512

Print On Demand

Contacto: goncalo.elias@gmail.com

ÍNDICE

AVES DO ALENTEJO

Introdução

A actividade de observação de aves em Portugal tem conhecido nos últimos anos um aumento considerável, havendo cada vez mais pessoas com interesse por este assunto.

O Alentejo, pela enorme diversidade de aves que alberga e pelo facto de aí residirem diversas espécies de aves emblemáticas ou raras, tem vindo a ser muito procurado por parte de observadores e fotógrafos de natureza, que visitam esta região com o propósito de observar ou fotografar essas espécies. Devido a este rápido crescimento do número de interessados, o volume de informação sobre as aves observadas em liberdade no Alentejo teve aumentou consideravelmente nos últimos anos, fazendo com que a informação publicada sobre a avifauna da região fique rapidamente desactualizada.

Aves do Alentejo - Lista Anotada foi elaborado tendo em vista um duplo objectivo: por um lado, o de promover uma actualização das listas de espécies existentes e, por outro lado, o de disponibilizar esta informação num formato prático e acessível, que possa ser facilmente compreendido e utilizado por todos aqueles que se interessam por este assunto, incluindo o público não especializado.

O formato escolhido – lista anotada – constitui mais que um simples inventário: para cada uma das espécies de aves mencionadas, é dada uma breve descrição sobre o seu estatuto fenológico, a sua abundância e as suas principais áreas de ocorrência no Alentejo. Para as espécies de ocorrência irregular – as chamadas "raridades" – é apresentado um resumo das observações conhecidas.

Espera-se que esta lista possa contribuir para uma melhor divulgação da informação sobre a avifauna do Alentejo e também que possa servir de base a futuras actualizações, sempre que o volume de informação nova o justificar.

Caracterização da região

Limites geográficos

O Alentejo constitui a mais vasta região de Portugal.

Ao longo dos tempos, os limites daquilo a que se convencionou chamar Alentejo têm variado, dando a origem a algumas dúvidas e ambiguidades sobre quais os concelhos que efectivamente fazem parte desta região.

Assim, na primeira metade do séc. XX, o Alentejo correspondia *grosso modo*, aos distritos de Portalegre, Évora e Beja. À época não existia o distrito de Setúbal, cujo território pertencia ao distrito de Lisboa – este estendia-se para sul até Sines e nessa altura toda a parte do distrito situada a sul do rio Tejo fazia parte da Estremadura, sendo por vezes designada Estremadura Transtagana.

Com a reforma de 1936 foram criadas as onze províncias portuguesas (ainda hoje muito referidas na linguagem corrente, porém sem qualquer significado administrativo). No âmbito dessa reforma, o Alentejo passou a compreender duas províncias: o Alto Alentejo, correspondente aos distritos de Évora e Portalegre (com excepção do concelho de Ponte de Sor, que fazia parte do Ribatejo) e o Baixo Alentejo, correspondente à totalidade do distrito de Beja e ainda aos quatro concelhos meridionais do distrito de Setúbal (Alcácer do Sal, Grândola, Santiago do Cacém e Sines).

Esta divisão prevaleceu até 1986, ano em que foram criadas as NUTS[1], na sequência da entrada de Portugal para as então denominadas Comunidades Europeias[2]. Com essa alteração, o

---

[1] Nomenclatura das Unidades Territoriais para Fins Estatísticos.

[2] Resolução do Conselho de Ministros n.º 34/86, de 5 de Maio

Alentejo passou a ser dividido em quatro sub-regiões, assim designadas:

- **Alto Alentejo**, abrangendo o distrito de Portalegre (com excepção do concelho de Sousel) e ainda o concelho de Mora; com esta alteração o concelho de Ponte de Sor passou a ser considerado parte do Alentejo, em vez de integrar o Ribatejo, como acontecia anteriormente;

- **Alentejo Central**, correspondente ao distrito de Évora (excepto o concelho de Mora) e ainda o concelho de Sousel[3];

- **Baixo Alentejo**, abrangendo o distrito de Beja, excepto o concelho de Odemira;

- **Alentejo Litoral**, composto pelos quatro concelhos meridionais do distrito de Setúbal, acima mencionados, e ainda pelo concelho de Odemira.

O uso das designações das antigas províncias Alto Alentejo e Baixo Alentejo para designar as novas sub-regiões veio introduzir uma ambiguidade terminológica, passando estas expressões a ter significados distintos, consoante o referencial utilizado.

Em 2002, a NUTS II Alentejo foi alterada, passando a incorporar uma nova sub-região, designada Lezíria do Tejo, correspondente a uma parte do distrito de Santarém[4]. Contudo, esta alteração apenas teve efeito na nomenclatura territorial para fins estatísticos, tendo os limites da Comissão de Coordenação e Desenvolvimento Regional (CCDR) permanecido inalterados e conformes à reforma de 1986.

No âmbito do presente trabalho, os limites considerados para a região do Alentejo são os que decorrem das alterações de 1986, não se incluindo por isso a sub-região Lezíria do Tejo.

---

[3] Em 2009 foi efectuado um ajuste nestes limites, passando o concelho de Mora para o Alentejo Central e o concelho de Sousel para o Alto Alentejo.

[4] Decreto-Lei nº 244/2002, de 5 de Novembro

Importância ornitológica

O conceito de importância ornitológica está relacionado com a conservação das aves selvagens e da biodiversidade.

As prioridades a nível de conservação da natureza são direccionadas para espécies às quais foi atribuído um estatuto de ameaça, segundo determinados critérios técnicos. Assim, as zonas mais prioritárias para a conservação das aves são geralmente aquelas onde as espécies ameaçadas estão presentes em maior número.

Algumas zonas, consideradas especialmente relevantes do ponto de vista da conservação das aves, foram classificadas, tendo-lhes sido conferida protecção legal – passaram assim a ser uma Área Protegida, ou uma Zona de Protecção Especial, ou ambas.

Áreas protegidas

São zonas que se encontram protegidas por lei e que são tuteladas pelo Instituto da Conservação da Natureza e das Florestas (ICNF).

Na região do Alentejo existem actualmente seis áreas protegidas:
- A Reserva Natural do Estuário do Sado
- O Monumento Natural das Portas de Ródão
- O Parque Natural da Serra de São Mamede
- A Reserva Natural das Lagoas de Santo André e da Sancha
- O Parque Natural do Sudoeste Alentejano e da Costa Vicentina
- O Parque Natural do Vale do Guadiana

Zonas de Protecção Especial (ZPE)

São áreas que integram a Rede Natura 2000, estabelecidas ao abrigo da Directiva Aves. Têm como principal objectivo garantir a conservação das espécies de aves e dos seus habitats.

No Alentejo existem 20 ZPE, as quais se encontram listadas na Tabela 1.

Tabela 1 – Lista de Zonas de Protecção Especial (ZPE) no Alentejo

Nome	Área (ha)	Área marinha (%)
Açude da Murta	497,70	-
Caldeirão *	47.348,14	-
Campo Maior	9.579,38	-
Castro Verde	85.344,68	-
Costa Sudoeste *	74.414,89	23
Cuba	4.080,87	-
Estuário do Sado *	24.632,50	-
Évora	14.707,41	-
Lagoa da Sancha	408,80	67
Lagoa de Santo André	2.164,61	35
Monchique *	76.544,60	-
Monforte	1.885,98	-
Mourão/Moura/Barrancos	84.915,99	-
Piçarras	2.827,42	-
Reguengos	6.042,69	-
São Vicente	3.564,65	-
Torre da Bolsa	868,80	-
Vale do Guadiana *	76.546,58	-
Veiros	1.959,40	-
Vila Fernando	5.260,22	-
Área Total (ha)	998.521,27	

Nota: As ZPE assinaladas com (*) não se situam totalmente dentro do Alentejo

Zonas Importantes para as Aves (IBA)

IBAs (do inglês Important Bird Areas) são sítios com significado internacional para a conservação das aves à escala global, sendo definidos com base em critérios quantitativos. A nível internacional, a rede de IBA é coordenada pela organização BirdLife Internacional (a qual é representada em Portugal pela SPEA – Sociedade Portuguesa para o Estudo das Aves). Note-se que, ao contrário do que sucede com as ZPE, a atribuição do estatuto de IBA não confere qualquer tipo de protecção legal.

Dentro da região Alentejo existem actualmente 24 áreas às quais foi atribuído o estatuto de IBA (ver Tabela 2).

Destas, a IBA Portas de Ródão foi identificada por ser um local importante para espécies rupícolas: cegonha-preta, grifo, abutre-do-egipto, águia-de-bonelli, bufo-real e melro-azul.

As IBAs de Arraiolos, Cabeção e Luzianes foram declaradas sobretudo devido à existência de populações importantes de aves de rapina florestais, incluindo bútio-vespeiro, peneireiro-cinzento, milhafre-preto, águia-calçada e águia-cobreira.

As IBAs de Alter do Chão, Cabrela, Castro Verde, Cuba, Évora, Monforte, Reguengos, Rio Guadiana, São Pedro Sólis, São Vicente, Torre da Bolsa, Vila Fernando e Veiros justificam-se principalmente devido à ocorrência de aves estepárias: milhafre-real, tartaranhão-caçador, peneireiro-das-torres, grou, sisão, abetarda, alcaravão, cortiçol-de-barriga-preta, rolieiro, calhandra-real, calhandrinha e chasco-ruivo.

As IBAs Açude da Murta, Estuário do Sado, Lagoas de Santo André e Sancha estão relacionadas com a presença de importantes efectivos de determinadas espécies aves aquáticas: pato-de-bico-vermelho, corvo-marinho-de-faces-brancas, garçote, garça-boieira, garça-branca-pequena, garça-vermelha, cegonha-branca, flamingo, tartaranhão-ruivo-dos-pauis, caimão, pernilongo, alfaiate e andorinha-do-mar-anã, entre outros.

As restantes IBAs contêm uma avifauna com características mistas, isto é, compreendem simultaneamente espécies rupícolas, florestais, estepárias ou aquáticas.

Tabela 2 – Lista de Zonas Importantes para as Aves (IBA) no Alentejo

Nome da IBA	Concelhos abrangidos
Açude da Murta	Alcácer do Sal
Albufeira do Caia	Arronches, Campo Maior Elvas,
Alter do Chão	Alter do Chão
Arraiolos	Arraiolos
Cabeção	Avis, Mora, Ponte de Sor
Cabrela	Alcácer do Sal, Montemor-o-Novo, Viana do Alentejo
Campo Maior	Campo Maior
Castro Verde	Aljustrel, Almodôvar, Beja, Castro Verde, Mértola, Ourique
Costa Sudoeste *	Sines, Odemira
Cuba	Cuba
Estuário do Sado *	Alcácer do Sal, Grândola
Lagoas de Santo André e Sancha	Santiago do Cacém, Sines
Luzianes	Odemira, Ourique
Mourão, Moura e Barrancos	Moura, Mourão, Barrancos, Serpa
Planície de Évora	Évora, Viana do Alentejo
Planície de Monforte	Monforte
Reguengos de Monsaraz	Reguengos de Monsaraz
Rio Guadiana *	Beja, Mértola, Serpa
São Pedro Sólis	Almodôvar, Castro Verde
São Vicente	Elvas
Serra de Monchique *	Odemira
Serra do Caldeirão *	Ourique, Almodôvar
Torre da Bolsa	Elvas
Vila Fernando / Veiros	Elvas, Estremoz

Nota: As IBA assinaladas com (*) não se situam totalmente dentro do Alentejo.

Interesse ornitológico

Considerando a informação conhecida até ao final de Dezembro de 2020, a lista de aves selvagens do Alentejo compreende 355 espécies (a que acrescem 9 espécies de estatuto indeterminado).

Este valor atesta bem a riqueza ornitológica da região.

Actualmente assiste-se a um crescente interesse pela observação de aves em estado selvagem. Neste contexto, a elevada diversidade da região coloca-a numa posição privilegiada para explorar o turismo ornitológico.

O interesse ornitológico assenta essencialmente nas espécies que, por serem consideradas raras a nível nacional ou europeu, são susceptíveis de atrair visitantes, interessados em beneficiar de oportunidades para observar ou fotografar essas aves.

Cada uma das sub-regiões do Alentejo apresenta a sua avifauna característica. Seguidamente, apresenta-se um breve resumo do interesse ornitológico de cada sub-região.

Alto Alentejo

A serra de São Mamede, com os seus 1025 metros de altitude, constitui o ponto mais alto de todo o Alentejo e as suas características climáticas e geográficas atraem diversas espécies de passeriformes que não ocorrem habitualmente no resto da região, como o chapim-carvoeiro ou a ferreirinha-alpina. O parque natural com o mesmo nome alberga diversos outros passeriformes, dos quais se destacam o rabirruivo-de-testa-branca, a toutinegra-carrasqueira, a toutinegra-tomilheira, a felosa-de-bonelli, o melro-azul, o pardal-espanhol e a cia.

No que se refere às aves de rapina, destaca-se a existência de diversas espécies de hábitos rupícolas, especialmente nas zonas escarpadas das Portas de Ródão, do vale do Sever e das zonas circundantes. Entre elas são de salientar o grifo e o abutre-do-egipto, que têm nesta zona as únicas populações nidificantes de todo o Alentejo. Outras rapinas de interesse nesta sub-região são a águia-real e a águia-de-bonelli. Dentro do grupo das aves planadoras, cabe ainda destacar a ocorrência da cegonha-preta.

Quanto às aves aquáticas, o Alto Alentejo é relativamente pobre em termos de habitat favorável, no entanto existem quatro albufeiras de grande dimensão (Montargil, Maranhão, Póvoa e Caia), bem como numerosos açudes, que atraem diferentes espécies de aves aquáticas. Na albufeira do Caia nidificam a perdiz-do-mar, a gaivina-de-bico-preto, a andorinha-do-mar-anã e, em certos anos, garças e colhereiros; este local é procurado no Inverno por diversas espécies de patos e também pelo grou.

Alentejo Central

Dividido entre as bacias do Tejo, do Sado e do Guadiana, o Alentejo Central é composto por um misto de planícies abertas e manchas florestais.

Na parte ocidental, predominam as zonas densamente florestadas, onde é possível encontrar diversas rapinas florestais, como a águia-calçada e o búteo-vespeiro, assim como diversos passeriformes, dos quais se destacam o rabirruivo-de-testa-branca, o papa-moscas-cinzento, a felosa-de-bonelli e a escrevedeira-de-garganta-preta.

Em torno de Évora, as planícies menos arborizadas suportam populações de aves estepárias, com destaque para a abetarda, o sisão, o cortiçol-de-barriga-preta e, no Inverno, o grou. Também na zona de Mourão existe uma importante população de grous invernantes, assim como de milhafres-reais.

No que se refere às aves aquáticas, é incontornável referir a albufeira de Alqueva, cuja mancha de água se situa maioritariamente nesta sub-região. Inaugurada em 2002, rapidamente assumiu um papel importante para as aves e atraiu diversas espécies de aves aquáticas, sendo hoje um local interessante para observar aves no Alentejo. Entre as aves nidificantes destacam-se a perdiz-do-mar, a gaivina-de-bico-preto e o corvo-marinho-de-faces-brancas. Saliente-se também o projecto de reintrodução de águia-pesqueira, que teve início em 2011.

No Alentejo Central existem muitas outras barragens e açudes, que atraem diversas espécies de aves aquáticas, nomeadamente patos e limícolas.

Baixo Alentejo

As características mais áridas e a paisagem mais desflorestada fazem do Baixo Alentejo uma zona especialmente interessante para a observação de aves estepárias. A área habitualmente designada por Campo Branco, situada em redor de Castro Verde, é certamente o melhor local do país para encontrar algumas destas espécies, como a abetarda, o sisão e o cortiçol-de-barriga-preta, e também diversas outras espécies que são comuns em zonas abertas, tais como o rolieiro, a calhandra-real, a calhandrinha, a petinha-dos-campos e o chasco-ruivo. No Inverno estas planícies são muito procuradas por grandes bandos de abibes e tarambolas-douradas.

As aves de rapina marcam igualmente presença nesta sub-região e em dias bons é possível observar nove ou dez espécies diferentes, incluindo o peneireiro-das-torres, a águia-imperial, a águia-de-bonelli, o grifo, o abutre-preto, o tartaranhão-caçador e, no Inverno, o milhafre-real e o esmerilhão.

No Baixo Alentejo há também numerosas barragens e açudes, que atraem diversas espécies de aves aquáticas. Merecem destaque, pela quantidade e diversidade de aves que aí ocorrem, as albufeiras de Odivelas e do Roxo e a lagoa dos Patos.

As ribeiras com loendros na bacia do Guadiana atraem o raro rouxinol-do-mato.

Na margem esquerda deste rio, o complexo industrial da Mina de São Domingos constitui um local de grande interesse, particularmente pela ocorrência do raro andorinhão-cafre. Mais para norte, as zonas florestadas do concelho de Moura e Barrancos são ricas em passeriformes interessantes, dos quais se destacam a toutinegra-real, sendo essa também uma zona privilegiada para encontrar o bufo-real. Os abutres são uma presença habitual, podendo ser observados números elevados de abutre-preto e grifo e ainda a águia-real e a águia-imperial.

Alentejo Litoral

A proximidade à costa e a existência de diversas zonas húmidas importantes faz do Alentejo Litoral uma zona de excelência para a observação de aves aquáticas. Destacam-se, pela sua riqueza ornitológica, o estuário do Sado e a lagoa de Santo André. O primeiro destes locais é particularmente interessante pela grande variedade de aves limícolas que alberga, bem como por números elevados de mergulhão-de-pescoço-preto e de merganso-de-poupa, sendo mesmo o melhor local a nível nacional para observar estas duas espécies, assim como para a mobelha-grande, que também ocorre anualmente, em números reduzidos. O segundo destes locais é especialmente interessante pela quantidade e diversidade de anatídeos, assim como de galeirões e ainda de alguns passeriformes de caniçal, como a felosa-unicolor e o rouxinol-pequeno-dos-caniços.

Em termos de aves terrestres, o destaque do Alentejo Litoral vai para as espécies florestais. As vastas matas de sobreiros e pinheiros, tanto no vale do Sado como na serra de Grândola, albergam uma interessante variedade de aves terrestres, das quais são de salientar a coruja-do-mato, o pica-pau-galego, a cotovia-arbórea, o rabirruivo-de-testa-branca, a felosa-ibérica, o chapim-de-poupa e a escrevedeira-de-garganta-preta.

As escarpas da faixa costeira a sul de Sines são bons locais para observar aves que nidificam em zonas rupícolas, de que são exemplo o corvo-marinho-de-crista, o falcão-peregrino e a gralha-de-nuca-cinzenta. Os planaltos costeiros são também uma área favorável para encontrar a petinha-dos-campos.

Cabe ainda referir as aves marinhas, em particular as várias espécies de pardelas, paínhos e moleiros, que frequentam essencialmente o mar aberto. Embora estas aves raramente surjam em terra firme, podem ser vistas a partir de pontos proeminentes da costa, como o cabo de Sines e o cabo Sardão.

Metodologia

Para a elaboração desta lista procurou-se reunir toda a informação disponível sobre as aves que já foram observadas em liberdade na região do Alentejo. Seguidamente apresentam-se os critérios usados para seleccionar as informações que integram a lista.

Âmbito geográfico

A lista abrange unicamente a região do Alentejo, tal como se encontra definida nas páginas 8 e 9, bem como as zonas marinhas adjacentes, que constituem as chamadas águas territoriais (até 12 milhas náuticas da linha de costa).

Âmbito temporal

A lista reúne a informação disponível sobre as aves observadas na região até 31 de Dezembro de 2020.

Fontes de informação

Esta lista procura reunir a informação que se encontra publicada, nomeadamente sob a forma de livros, publicações periódicas ou outros trabalhos. Foram também incluídos diversos registos recentes que não se encontram publicados em papel, mas que foram divulgados através da Internet, nomeadamente em bases de dados online, *sites* temáticos, fóruns, *blogs* e grupos de discussão.

Uma relação completa dos trabalhos consultados encontra-se listada na secção Bibliografia (pág. 97).

Verificação dos registos

A identificação das aves em liberdade nem sempre é fácil, sendo frequentes os erros de identificação, resultantes de uma confusão com outras espécies. Com vista a esclarecer o estatuto das espécies de aves que aparecem fora da sua área normal de distribuição, a informação referente a espécies de ocorrência rara ou acidental é geralmente escrutinada pelos chamados comités de raridades. Estes comités produzem relatórios com a homologação dos registos de espécies raras. No caso português, essa função foi desempenhada pelo Comité Ibérico de Raridades para o período de 1987 a 1994 e pelo Comité Português de Raridades desde 1995 até à actualidade.

Os registos mais recentes (em especial os que foram efectuados nos anos de 2018 a 2020) não se encontram ainda publicados nos referidos relatórios. No entanto, na maioria dos casos, as aves em causa foram fotografadas, tendo as fotografias sido amplamente divulgadas através da Internet, designadamente em fóruns, *blogs* ou grupos de fotografia; em muitos destes casos, a identificação das aves não oferece grandes dúvidas; isto permite antever a aceitação dos referidos registos, os quais foram, na sua maioria, considerados na presente lista.

No caso dos registos anteriores a 1987, a informação documental é geralmente muito escassa; para estes registos, optou-se por incluir aqui a informação relevante que se encontra publicada, fazendo as devidas ressalvas quando julgado necessário.

Nomes vulgares das aves

Em Portugal existe uma grande diversidade de nomes vulgares para designar as aves, o que, por vezes, dá origem a algumas confusões, não só porque muitas espécies têm vários nomes, muitos deles de cariz regional, mas também porque há casos em que um mesmo nome é usado para designar espécies distintas.

Os nomes vulgares usados no presente trabalho reflectem a escolha pessoal do autor relativamente a esta questão.

Nomes científicos das aves

A taxonomia das aves tem sofrido bastantes alterações nos últimos anos e neste domínio existem diferentes correntes sobre a nomenclatura que deve ser utilizada. As várias instituições e os vários guias de campo adoptam diferentes nomenclaturas, o que também suscita frequentes dúvidas e confusões entre os observadores.

A sequência taxonómica e a nomenclatura científica adoptadas na presente lista seguem a IOC World Bird List, versão 10.2, disponível para consulta em https://www.worldbirdnames.org.

Apresentação da lista

A compilação apresentada neste trabalho reúne um total de 364 espécies de aves.

A informação sobre as várias espécies encontra-se organizada da seguinte forma:

- **Lista de aves selvagens do Alentejo** – inventário completo das espécies que ocorrem ou ocorreram de forma aparentemente natural ou que têm populações selvagens auto-sustentáveis – incluem-se aqui as espécies autóctones, as divagantes naturais e as exóticas estabelecidas – 355 espécies.

- **Apêndice: espécies de estatuto indeterminado** – espécies que foram observadas em liberdade, mas cuja origem selvagem suscita dúvidas ou não pode ser determinada, ou para as quais não há certezas sobre se o local da observação se situa dentro dos limites do Alentejo – 9 espécies.

Lista de aves selvagens do Alentejo

Nesta secção apresenta-se a lista das 355 espécies de aves que ocorrem ou ocorreram de forma aparentemente natural ou que têm populações selvagens auto-sustentáveis – incluem-se aqui as espécies autóctones, as divagantes naturais e as exóticas estabelecidas.

1. **Perdiz** *Alectoris rufa*

   Residente comum, distribui-se por toda a região, ocorrendo em zonas abertas ou levemente arborizadas. De uma forma geral é mais frequente no interior que no litoral, sendo particularmente abundante no extremo sueste da região.

2. **Codorniz** *Coturnix coturnix*

   Nidificante comum, que ocorre por todo o Alentejo. É mais numerosa na metade interior, sendo especialmente abundante na região do Campo Branco. A codorniz está presente na região durante todo o ano, mas uma parte substancial da população é migradora.

3. **Ganso-de-faces-pretas** *Branta bernicla*

   Invernante muito raro, que não é observado todos os anos. Conhecem-se cinco registos na região, dos quais três no estuário do Sado e dois na lagoa de Santo André, todos eles no período de Dezembro a Fevereiro. A maior concentração envolveu nove indivíduos observados no estuário do Sado em Janeiro de 2014.

4. **Ganso-de-faces-brancas** *Branta leucopsis*

   Invernante muito raro e de presença irregular em Portugal. Conhecem-se duas observações desta espécie no Alentejo: a primeira diz respeito a três aves observadas na lagoa de

Santo André em Dezembro de 1990 e a segunda envolveu seis aves na lagoa dos Patos (Alvito) em Dezembro de 2014.

5. **Ganso-bravo** *Anser anser*

Invernante escasso mas regular, presente geralmente de Outubro a Abril, com um pico bem marcado em Dezembro e Janeiro. O principal local de invernada na região é a lagoa dos Patos (Alvito) – neste local tem sido observada uma população invernante com algumas dezenas de indivíduos, por vezes ultrapassando a centena. Ocasionalmente a espécie tem sido registada noutras zonas húmidas costeiras ou de interior, em números mais reduzidos. Mais recentemente, começou a invernar regularmente na albufeira de Alqueva, onde, em 2015 se registou pela primeira vez a sua nidificação em Portugal.

6. **Ganso-de-bico-curto** *Anser brachyrhynchus*

Apenas se conhecem dois registos desta espécie divagante: um indivíduo foi observado em Sines em Dezembro de 2017, tendo permanecido na zona durante cerca de quatro meses; e duas aves foram vistas na lagoa de Santo André em Dezembro de 2020.

7. **Ganso-de-testa-branca** *Anser albifrons*

Divagante muito raro, proveniente das regiões árcticas, do qual se conhecem três observações: duas aves da subespécie *A. a. albifrons* no estuário do Sado, em Janeiro de 1998, um em Mourão em Outubro de 2016 e por fim um perto de Évora em Dezembro de 2018.

8. **Cisne-bravo** *Cygnus cygnus*

Divagante muito raro, do qual se conhece um único registo: duas aves estiveram presentes na zona de Serpa entre Novembro de 2016 e Janeiro de 2017.

9. **Ganso-do-egipto** *Alopochen aegyptiaca*

O número de observações em liberdade desta espécie exótica tem vindo a aumentar consistentemente desde 2005. Existem inúmeros registos por toda a região, envolvendo aves isoladas ou bandos de dimensão variável. As maiores concentrações têm sido registadas no distrito de Évora, por vezes atingindo as várias centenas de aves. A nidificação em liberdade já foi registada em vários locais da região.

10. Pato-branco *Tadorna tadorna*

Invernante pouco comum, que pode ser visto sobretudo entre Novembro e Março. Parece ocorrer anualmente no estuário do Sado, onde o efectivo invernante atinge, por vezes, uma centena de indivíduos. No resto da região é escasso, havendo observações em diversas albufeiras, um pouco por todo o Alentejo, mas nestes casos o número de aves não costuma ser superior a uma dezena.

11. Marreco *Spatula querquedula*

Migrador de passagem raro, que aparece entre Fevereiro e Abril e novamente de Agosto a Outubro, tanto no litoral como no interior, mas quase sempre em números reduzidos. É mais conspícuo na passagem primaveril, quando os machos envergam a plumagem nupcial. São conhecidos registos invernais deste pato na Herdade do Pinheiro (Alcácer do Sal) e na lagoa de Santo André. Existe também um registo de nidificação, efectuado na Herdade de Maria Ribeira (Elvas) na Primavera de 2007.

12. Pato-d'asa-azul *Spatula discors*

Existem quatro registos, dos quais três na lagoa de Santo André e um na lagoa dos Patos (Alvito). As observações tiveram lugar entre Janeiro e o início de Abril.

13. Pato-trombeteiro *Spatula clypeata*

Invernante comum, ocorre sobretudo de Setembro a Abril. Tal como sucede com as restantes espécies de patos de superfície, é especialmente numeroso nas zonas húmidas costeiras, nomeadamente no estuário do Sado e na lagoa de Santo André, podendo cada um destes locais albergar várias centenas de aves. Também pode ser visto com regularidade em açudes e albufeiras, por vezes em números elevados, salientando-se um registo de 750 indivíduos na lagoa dos

Patos (Alvito) em Janeiro de 2012. Existem diversas observações na Primavera, havendo registos da sua reprodução no Alentejo, em números muito reduzidos.

14. Frisada *Mareca strepera*

Residente e provavelmente invernante, pouco comum. Como nidificante, aparece sobretudo em barragens e açudes e apresenta uma distribuição vasta na região, excepto no Alentejo Litoral, onde é raro. No Inverno surge em maior número nas principais zonas húmidas costeiras.

15. Piadeira *Mareca penelope*

Invernante pouco comum, que ocorre sobretudo de Outubro a Março, com registos ocasionais noutros meses do ano. O local de invernada mais importante do Alentejo é o estuário do Sado, onde em certos anos, como sucedeu em 1993, a população invernante pode atingir 1500 indivíduos. No interior do território este pato ocorre sobretudo em açudes ou albufeiras e observa-se geralmente em números reduzidos, destacando-se uma observação de 159 aves na albufeira de Odivelas em Janeiro de 1994.

16. Piadeira-americana *Mareca americana*

Acidental, oriunda da América do Norte. Conhece-se uma única observação desta espécie no Alentejo: um macho imaturo na lagoa dos Patos (Alvito) em Fevereiro de 1998.

17. Pato-real *Anas platyrhynchos*

É o mais comum dos patos portugueses. Residente, pode ser visto no Alentejo durante todo o ano, distribuindo-se por toda a região. Ocorre em qualquer tipo de zona húmida, desde rios e ribeiras, até albufeiras ou açudes e também estuários ou lagoas costeiras. Durante a época de reprodução é mais abundante na bacia hidrográfica do rio Sado. No Outono e no Inverno os locais onde ocorre em maior número são a lagoa de Santo André e o estuário do Sado, podendo o efectivo ultrapassar os 1000 indivíduos em qualquer um destes locais.

18. Arrabio *Anas acuta*

Invernante pouco comum, ocorre sobretudo de Novembro a Março, embora possa surgir noutros meses, em números reduzidos. Concentra-se nas grandes zonas húmidas do litoral, nomeadamente o estuário do Sado e a lagoa de Santo André – em ambos os locais já houve diversas observações envolvendo muitas centenas de aves. No interior da região é escasso, sendo raros os registos de mais de 10 indivíduos.

19. Marrequinha-comum *Anas crecca*

Invernante comum, que está presente na região principalmente de Setembro a princípios de Abril, com raros registos fora deste período. Ocorre nas zonas húmidas costeiras, com as maiores concentrações no estuário do Sado. Também é frequente nas albufeiras e açudes do interior, podendo ser localmente numerosa, em especial na lagoa dos Patos (Alvito) e nas albufeiras de Odivelas e do Roxo. Em Junho de 2001 foi registado um caso de nidificação provável: uma fêmea com seis juvenis voadores na Herdade da Louçana (Arronches).

20. Marrequinha-americana *Anas carolinensis*

Divagante de origem neárctica, da qual se conhecem apenas três observações no Alentejo, ambas referentes a machos: a primeira na lagoa de Santo André, entre Janeiro e Abril de 1995, a segunda na Herdade do Pinheiro (Alcácer do Sal), em Janeiro de 1999 e a terceira na lagoa dos Patos (Alvito) em Dezembro de 2018.

21. Pardilheira *Marmaronetta angustirostris*

Divagante muito rara, oriunda do Mediterrâneo, da qual se conhecem cinco observações, todas referentes a uma ou duas aves e efectuadas entre Abril e Setembro. Os locais foram a lagoa de Santo André, a albufeira do Poço da Rua (Montemor-o-Novo), a albufeira de Alqueva, a lagoa dos Patos (Alvito) e a Herdade das Esquilas (Monforte).

22. Pato-de-bico-vermelho *Netta rufina*

Pouco comum e com uma distribuição bastante fragmentada. Nidifica em diversos locais da região, tanto no litoral (lagoas de Santo André e da Sancha) como no interior (barragens e açudes). No Outono e no Inverno tende a concentrar-se em certos locais, com destaque para a lagoa de Santo André, onde por vezes se juntam algumas centenas de aves.

23. Zarro-comum *Aythya ferina*

O estatuto deste pato mergulhador no Alentejo não é muito claro, trata-se provavelmente de um residente e invernante pouco comum, cujo efectivo varia muito de ano para ano. Ocorre em geral em números reduzidos, embora no Inverno já tenham sido registadas concentrações de várias centenas, nomeadamente na lagoa de Santo André e, ocasionalmente, em albufeiras no interior. Existem algumas confirmações de nidificação, nomeadamente nas zonas de Arraiolos e Mértola, mas a população nidificante é certamente muito reduzida e poderá não haver reprodução todos os anos.

24. Zarro-castanho *Aythya nyroca*

Invernante raro, que ocorre sobretudo de Agosto a Março, com registos ocasionais noutros meses do ano. Surge geralmente em números muito reduzidos e parece ser mais frequente no Baixo Alentejo do que no resto da região. A maior concentração de que há registo envolveu 54 aves perto de Beja, em Agosto de 2020.

25. Zarro-de-colar *Aythya collaris*

Divagante muito raro, oriundo da América do Norte. Conhecem-se cerca de 17 registos, concentrados no período de Novembro a Abril, com um pico em Dezembro. Cerca de metade das observações provém da lagoa de Santo André (tendo o maior registo envolvido cinco aves, em Dezembro de 2000); as restantes foram realizadas em açudes ou pequenas barragens dos distritos de Beja e Évora.

26. Zarro-negrinha *Aythya fuligula*

Invernante pouco comum, que está presente no Alentejo essencialmente de Outubro a Março. Este pato mergulhador aparece em zonas húmidas costeiras e de interior, quase sempre em números reduzidos, embora ocasionalmente sejam vistos bandos com mais de uma centena de aves.

27. Zarro-bastardo *Aythya marila*

Invernante raro e irregular, observa-se sobretudo de Outubro a Março em zonas húmidas costeiras e em albufeiras no interior. A maioria dos registos conhecidos envolveu aves isoladas.

28. Zarro-americano *Aythya affinis*

Divagante muito raro de origem neárctica. São conhecidos apenas três registos, todos na lagoa de Santo André no período de Dezembro a Fevereiro. Um dos registos envolveu dois machos, os restantes referem-se a aves isoladas.

29. Eider-real *Somateria spectabilis*

Acidental, sendo conhecido um único registo: um indivíduo esteve presente em frente à praia da Galé, Grândola, de Janeiro a Março de 2019, na companhia de um eider.

30. Eider *Somateria mollissima*

Apenas se conhece um registo na região: um indivíduo foi observado no mar em frente à praia da Galé, Grândola, de Dezembro de 2018 a Março de 2019, juntamente com um eider-real.

31. Pato-de-lunetas *Melanitta perspicillata*

Divagante muito raro, oriundo da América do Norte. O único registo de que há notícia na região diz respeito a uma ave que esteve presente no estuário do Sado em Janeiro e Fevereiro de 2000.

32. Pato-fusco *Melanitta fusca*

Invernante muito raro, proveniente do Norte da Europa. No Alentejo é conhecida uma única observação: um indivíduo esteve presente no estuário do Sado em Fevereiro e Março de 1989.

33. Pato-preto *Melanitta nigra*

Invernante pouco abundante, que ocorre habitualmente em mar aberto, mas a pequena distância de terra, podendo ser visto com regularidade a partir de locais proeminentes da costa, em particular o cabo de Sines ou o cabo Sardão. Por vezes surge em zonas húmidas costeiras, como o estuário do Sado ou a lagoa de Santo André. O principal período de ocorrência estende-se de Novembro a Março, com observações ocasionais noutras épocas do ano.

34. Pato-rabilongo *Clangula hyemalis*

Divagante oriundo do norte da Europa, cuja presença no Alentejo só está documentada para o estuário do Sado – nesta zona húmida são conhecidas cinco observações de aves isoladas, mas apenas duas delas foram feita dentro dos limites da região alentejana: um indivíduo observado em frente à Herdade do Pinheiro (Alcácer do Sal) em Novembro e Dezembro de 1989 e outro junto à Carrasqueira (Alcácer do Sal) em Fevereiro de 2020.

35. Merganso-de-poupa *Mergus serrator*

Invernante pouco comum, que ocorre sobretudo de Novembro a Março. O estuário do Sado é o principal local de ocorrência a nível nacional, tendo aí já sido contadas, em certos anos, mais de 300 aves; no resto do Alentejo este merganso é relativamente raro – existem registos esporádicos de aves isoladas noutras zonas húmidas costeiras (lagoas de Melides e de Santo André, estuário do Mira) e em albufeiras no interior (albufeiras da Póvoa e de Albergaria dos Fusos, açudes de Vale de Arca, lagoa dos Patos), mas a espécie não parece ser regular em nenhum desses locais.

36. Pato-de-rabo-alçado-americano *Oxyura jamaicensis*

Divagante nativo da América do Norte, que foi introduzido no Reino Unido, presumindo-se que as aves observadas em Portugal sejam originárias desta população introduzida. São conhecidos 10 registos no Alentejo, dos quais quatro na lagoa de Santo André e os restantes, referentes a um único indivíduo, em albufeiras ou açudes no interior. Todos os registos envolveram aves isoladas.

37. Pato-de-rabo-alçado *Oxyura leucocephala*

Divagante muito raro, oriundo do Mediterrâneo. O único registo conhecido diz respeito a um juvenil observado na lagoa dos Patos, Alvito, em Dezembro de 2015.

38. Noitibó-de-nuca-vermelha *Caprimulgus ruficollis*

Estival pouco comum, que se distribui pela maior parte do Alentejo, mas há algumas diferenças de abundância a nível regional, sendo a espécie aparentemente menos frequente nas zonas mais abertas. Está presente de Abril a Setembro.

39. Noitibó-da-europa *Caprimulgus europaeus*

Estival raro, que tem no Alentejo o limite meridional de distribuição no país. É regular no Alentejo Litoral, onde nidifica em números reduzidos ao longo da faixa costeira. Ocorre também na zona mais setentrional do Alto Alentejo (concelhos de Gavião e Nisa). A situação no resto da região é pouco clara, devido à escassez de informação disponível, sendo possível que este noitibó também nidifique noutras zonas do interior, mas em densidades muito baixas. O período de ocorrência habitual estende-se desde meados de Abril até Outubro.

40. Andorinhão-real *Tachymarptis melba*

Estival e migrador de passagem pouco comum. Nidifica localmente nas escarpas costeiras do extremo sudoeste. Na serra de São Mamede também existem observações em época de reprodução, nomeadamente na zona de Marvão, sem que contudo a sua nidificação tenha sido confirmada. No resto da região ocorre sobretudo em passagem migratória, mas por vezes são vistas aves em alimentação, vindas de outras áreas. O seu período normal de ocorrência estende-se de Março a Outubro.

41. Andorinhão-preto *Apus apus*

Estival nidificante comum, que ocorre habitualmente de Março a Outubro, com registos ocasionais durante os meses de Inverno. Nidifica sobretudo em aglomerados urbanos de média e grande dimensão, contudo aves em alimentação podem ser vistas um pouco por toda a região.

42. Andorinhão-pálido *Apus pallidus*

Estival nidificante comum, que está presente de Março a Setembro, sendo raros os registos fora deste período. Como nidificante tem uma distribuição muito fragmentada, ocorrendo geralmente nas imediações de zonas urbanizadas. Aves em alimentação são muitas vezes vistas em locais onde a espécie não nidifica.

43. Andorinhão-pequeno *Apus affinis*

Divagante muito raro, do qual se conhecem apenas quatro registos, sendo três na região de Mértola e um em Barbacena (Elvas). Todos os registos tiveram lugar entre Maio e Julho.

44. Andorinhão-cafre *Apus caffer*

Estival raro, que ocorre no Alentejo de Maio a Setembro, com registos ocasionais noutros meses do ano. A maioria das observações foi efectuada na bacia do Guadiana, mas existem registos no resto da região, como por exemplo nos concelhos de Nisa, Alcácer do Sal e Odemira, entre outros. Referia-se também uma observação invernal na foz da Ribeira de Moinhos (Sines).

45. Abetarda *Otis tarda*

Residente pouco comum, que se distribui quase exclusivamente pela metade interior da região. O principal núcleo populacional situa-se nas planícies de Castro Verde. Fora da época de nidificação, a abetarda surge por vezes junto ao litoral, havendo registos no estuário do Sado e na lagoa de Santo André; estes movimentos verificam-se especialmente durante os meses de Verão e em geral envolve um número reduzido de indivíduos.

46. Sisão *Tetrax tetrax*

Residente pouco comum. Distribui-se principalmente pelo interior alentejano, onde tem uma ampla área de ocorrência, podendo ser relativamente numeroso nalgumas zonas, como por exemplo o Campo Branco ou a região de Elvas. No litoral é raro, ocorrendo de forma muito localizada em certas áreas pouco arborizadas do sudoeste. Fora da época reprodutora forma bandos, que podem reunir dezenas ou mesmo centenas de indivíduos. A sua população tem vindo a diminuir ao longo das últimas décadas, em linha com o que se tem registado em toda a Península Ibérica.

Cuco-rabilongo

47. Cuco-rabilongo *Clamator glandarius*

Estival nidificante pouco comum, distribui-se sobretudo pelas regiões do interior, sendo escasso no litoral. Está geralmente presente de finais de Janeiro até Julho, com registos ocasionais noutros meses do ano. Parasita os ninhos de corvídeos, com destaque para os de pega-rabuda.

48. Cuco-canoro *Cuculus canorus*

Estival nidificante comum, tem uma distribuição ampla na região, sendo mais abundante no Alentejo Litoral e no Alto Alentejo. Os primeiros indivíduos ouvem-se em finais de Fevereiro e pouco tempo depois o seu característico canto faz-se ouvir por todo o Alentejo. A partir de meados de Junho os machos ficam silenciosos e estes cucos tornam-se difíceis de detectar, mas a espécie ocorre no território até Setembro. Parasita os ninhos de pequenos passeriformes.

49. Cortiçol-de-barriga-branca *Pterocles alchata*

Este cortiçol terá ocorrido no Alentejo ao longo do século XX, contudo actualmente não se conhece nenhuma população estável na região, pelo que deverá estar extinto como nidificante.

50. Cortiçol-de-barriga-preta *Pterocles orientalis*

Residente raro, que se distribui de forma descontínua pela bacia do Guadiana. Os principais núcleos situam-se no Alentejo Central e no Baixo Alentejo. A área de distribuição deste cortiçol deverá ter contraído consideravelmente ao longo do século XX e a população actual deverá andar próximo dos 500 indivíduos.

51. Pombo-das-rochas *Columba livia*

Este pombo é residente e distribui-se por toda a região. A maior parte das populações vive em associação com o homem, tratando-se pois de aves domésticas ou semidomésticas. Nalguns sectores da costa rochosa, entre Sines e a foz da ribeira de Odeceixe (Odemira), subsistem pequenos núcleos de aves em estado aparentemente selvagem, embora geralmente também aí ocorram indivíduos de fenótipo não selvagem.

52. Pombo-bravo *Columba oenas*

Invernante escasso e possivelmente residente raro, que se observa sobretudo de Outubro a Fevereiro. Ocorre principalmente na metade oriental, quase sempre em números reduzidos. A nidificação deste pombo foi confirmada com alguma regularidade na região de Arronches.

53. Pombo-torcaz *Columba palumbus*

Residente e invernante comum. Como nidificante distribui-se principalmente pela metade interior, sendo geralmente escasso na parte ocidental. As maiores densidades ocorrem na margem esquerda do Guadiana. No Inverno surge em grande número no litoral, particularmente na bacia do Sado, podendo então formar bandos de grande dimensão – em certos anos já foram registadas concentrações envolvendo mais de um milhão de aves, mas em anos recentes o número de aves que invernam nesta zona parece ter diminuído.

54. Rola-brava *Streptopelia turtur*

Estival nidificante pouco comum, com uma distribuição ampla, sendo aparentemente mais frequente no extremo sueste da região. Surge também com regularidade em migração, especialmente ao longo da faixa costeira. A população nacional de rolas-bravas tem vindo a diminuir progressivamente desde há várias décadas.

55. Rola-turca *Streptopelia decaocto*

Colonizou o território nacional no último quartel do século XX e actualmente é comum por todo o Alentejo. É uma espécie residente.

56. Frango-d'água *Rallus aquaticus*

Residente pouco comum, com uma distribuição muito fragmentada. Ocorre principalmente nas grandes zonas húmidas costeiras e, localmente, no interior do território.

57. Franga-d'água-bastarda *Porzana parva*

Provavelmente acidental ou migradora de passagem muito rara. Conhece-se apenas um registo: uma fêmea observada em Cabeção, Mora, em Março de 2020.

58. Franga-d'água-pequena *Porzana pusilla*

O estatuto desta espécie na região não é muito claro. O número de registos conhecidos é muito reduzido e reporta-se a aves isoladas, observadas sobretudo nos meses de Primavera. Merece destaque o registo de um macho a vocalizar na lagoa dos Patos (Alvito) em Junho de 1999, não tendo contudo sido possível confirmar a nidificação.

59. Franga-d'água-grande *Porzana porzana*

Migradora de passagem e, possivelmente, invernante rara. Existem diversos registos publicados, os quais se distribuem sobretudo pelo período de Agosto a Março. As observações conhecidas foram efectuadas em zonas húmidas costeiras e, mais raramente, no interior.

60. Caimão *Porphyrio porphyrio*

Terá ocorrido no Alentejo num passado distante e, após uma prolongada ausência, reapareceu a partir da década de 1990. Actualmente pode ser considerado um residente escasso, que se distribui de forma muito localizada pelas principais zonas húmidas da região, sendo conhecidas quatro área principais de ocorrência: o estuário do Sado; as lagoa de Santo André e Melides; a região de Ferreira do Alentejo e Beja; e por fim a zona de Elvas.

61. Galinha-d'água *Gallinula chloropus*

Residente comum, que se distribui por toda a região. É especialmente abundante na bacia hidrográfica do rio Sado, sendo comparativamente escassa nas zonas serranas do sudoeste e na metade norte do Alto Alentejo.

62. Galeirão-de-crista *Fulica cristata*

Conhecem-se mais de 20 observações deste galeirão, envolvendo aves isoladas ou pequenos bandos. A lagoa de

35

Santo André reúne mais de metade dos registos, tendo os restantes sido realizados noutras zonas húmidas costeiras ou de interior. Existem observações em diferentes épocas do ano, com uma clara concentração nos meses de Outono e Inverno. Algumas das aves observadas eram portadoras de colares, colocados no âmbito de programas de reintrodução a decorrer no sul de Espanha. Na zona de Castro Verde houve um caso de nidificação em 2011 envolvendo um casal misto, formado por um galeirão-de-crista e um galeirão-comum.

63. Galeirão-comum *Fulica atra*

Residente pouco comum, que se distribui um pouco por todo o Alentejo, embora seja raro no extremo norte da região e nas zonas mais acidentadas do Alentejo Litoral. Ocorre principalmente em albufeiras, açudes e lagoas costeiras, por vezes também em tanques de aquacultura. Pode ser localmente numeroso, particularmente na lagoa de Santo André, onde chega a formar bandos de centenas ou mesmo milhares de aves.

64. Grou-pequeno *Grus virgo*

Segundo o Rei D. Carlos, durante o século XIX a espécie ocorria regularmente no Alentejo, junto ao rio Guadiana, entre Abril e Setembro. A colecção do Rei incluía um exemplar que terá sido obtido no Guadiana em Março de 1893.

65. Grou-comum *Grus grus*

Invernante pouco comum, que está presente no Alentejo de finais de Outubro até Março. Ocorre quase exclusivamente na bacia hidrográfica do Guadiana, havendo quatro núcleos principais de invernada: um na zona de Arronches e Campo Maior, outro nas planícies de Évora, um terceiro na região de Moura e Mourão e por fim um quarto núcleo nas planícies de Beja, Castro Verde e Mértola. O efectivo invernante tem vindo a aumentar nas últimas décadas e ronda actualmente os 12 mil indivíduos.

66. Mergulhão-pequeno *Tachybaptus ruficollis*

Residente comum, ocorre um pouco por toda a região, frequentando todo o tipo de zonas húmidas, nomeadamente açudes, albufeiras, lagoas e estuários. Parece ser um pouco menos frequente nas áreas mais acidentadas do Alentejo Litoral, devido à menor disponibilidade de habitat.

67. Mergulhão-caçador *Podilymbus podiceps*

Acidental, conhece-se apenas um registo deste mergulhão de origem neárctica: um indivíduo foi observado na albufeira de Morgavel (Sines) de Setembro a Dezembro de 2020.

68. Mergulhão-de-crista *Podiceps cristatus*

Residente pouco comum, ocorre sobretudo em albufeiras de média e grande dimensão e, localmente, em pequenos açudes. Distribui-se principalmente pela metade interior da região. No litoral é pouco frequente, aparecendo em pequenos números durante o Outono e o Inverno nalgumas zonas húmidas costeiras, embora já tenha sido confirmada a sua nidificação na lagoa de Santo André.

69. Mergulhão-de-pescoço-preto *Podiceps nigricollis*

Invernante pouco comum, que ocorre sobretudo de meados de Agosto a Abril. Surge principalmente em estuários e lagoas costeiras, geralmente em números reduzidos. Destaca-se o estuário do Sado, que é o principal local de invernada do país e onde a população pode superar a centena de aves. No interior é relativamente raro. Existe um registo de nidificação, obtido em 2007 perto de Montemor-o-Novo.

70. Flamingo-comum *Phoenicopterus roseus*

Visitante não nidificante, que se observa ao longo de todo o ano, sobretudo nas zonas húmidas costeiras e, menos frequentemente, no interior. O principal local de ocorrência na região é o estuário do Sado, onde por vezes são vistos milhares de flamingos.

71. Toirão *Turnix sylvaticus*

Terá sido razoavelmente comum em Portugal durante o século XIX, nomeadamente numa grande parte do Alentejo e também noutras regiões, mas sofreu uma regressão acentuada durante o século XX e actualmente deverá estar extinto no país.

72. Alcaravão *Burhinus oedicnemus*

Residente pouco comum, que se distribui por todo o Alentejo, embora com bastantes descontinuidades. É mais frequente no interior da região que no litoral, havendo pelo menos três zonas onde a espécie é vista com mais regularidade: Elvas-Campo Maior, Mourão e Castro Verde.

73. Ostraceiro *Haematopus ostralegus*

Invernante e migrador de passagem escasso, que está presente no Alentejo sobretudo de Agosto a Abril, mas alguns indivíduos podem permanecer durante o período estival. Ocorre quase exclusivamente ao longo da faixa costeira. O local mais importante para esta espécie é o estuário do Sado, onde a população invernante pode atingir algumas centenas de indivíduos. Pequenos bandos de ostraceiros podem também ser vistos nalguns locais da costa sudoeste, a sul do cabo de Sines, como o estuário do Mira ou as praias de Almograve e da Zambujeira (Odemira).

74. Pernilongo *Himantopus himantopus*

Residente comum com uma distribuição ampla. Pode ser visto quer em zonas húmidas costeiras, quer em planos de água no interior, especialmente açudes de pequena dimensão. Em termos quantitativos, o local mais importante para esta espécie é o estuário do Sado, onde existe uma importante população nidificante. No interior da região a sua abundância é variável, sendo menor no distrito de Portalegre. A área de invernada, que até finais da década de 1980 se encontrava limitada ao sotavento algarvio, alargou-se para norte e actualmente abrange também o Alentejo.

75. Alfaiate *Recurvirostra avosetta*

Invernante comum no estuário do Sado, onde já foi registada a sua nidificação, ainda que irregularmente. No resto do Alentejo é muito escasso, havendo registos ocasionais na lagoa de Santo André e nalgumas albufeiras do interior, geralmente em números muito reduzidos, que só raramente ultrapassam a dezena de aves, sendo por isso de destacar uma observação de 41 alfaiates na albufeira da Póvoa (Castelo de Vide) em Novembro de 2018. A população invernante observa-se sobretudo de Setembro a Março, mas há registos ocasionais noutros meses do ano.

Abibe-comum

76. Abibe-comum *Vanellus vanellus*

Invernante comum, que pode ser visto um pouco por todo o Alentejo. Está presente sobretudo de Julho a Março, sendo especialmente abundante no período de Outubro a Fevereiro. As zonas onde é mais numeroso são as planícies pouco arborizadas, nomeadamente no Baixo Alentejo e em certas zonas do Alentejo Central. A nidificação do abibe-comum já foi confirmada em diversos locais da região, mas geralmente de forma esporádica e não regular.

77. Abibe-sociável *Vanellus gregarius*

Divagante raro, de origem asiática, que aparece durante o período de invernada. Conhecem-se apenas sete registos, todos envolvendo aves isoladas: um na lagoa de Santo André, outro na lagoa dos Patos (Alvito), três na região de Castro Verde e Mértola e os últimos dois em locais costeiros do concelho de Odemira.

78. Tarambola-dourada *Pluvialis apricaria*

Invernante comum, apresenta uma distribuição algo descontínua, mas pode ser localmente numerosa, nomeadamente em terrenos abertos nas regiões de Évora, Cuba ou Castro Verde, onde existem observações envolvendo muitas centenas de indivíduos. Associa-se frequentemente a bandos de abibes. O seu principal período de ocorrência estende-se de meados de Setembro a princípios de Março, sendo raros os registos noutras épocas do ano.

79. Tarambola-dourada-americana *Pluvialis dominica*

Divagante muito raro, cuja presença no Alentejo foi registada em apenas três ocasiões: um juvenil na lagoa dos Patos (Alvito) em Outubro de 1998, um adulto na albufeira de Montargil em Outubro de 2011 e um juvenil nas salinas da Batalha (Alcácer do Sal) em Outubro de 2019.

80. Tarambola-cinzenta *Pluvialis squatarola*

Invernante e migradora de passagem comum, mas com uma distribuição muito localizada. O principal local de ocorrência é o estuário do Sado, onde a população invernante pode superar os 2000 indivíduos. No resto da região esta tarambola é escassa e distribui-se quase exclusivamente ao longo da faixa costeira, tanto em zonas húmidas como em praias. É muito rara no interior, havendo observações ocasionais junto a algumas albufeiras.

81. Borrelho-grande-de-coleira *Charadrius hiaticula*

Migrador de passagem e invernante comum, que ocorre sobretudo ao longo da faixa costeira, tanto em zonas húmidas como em praias, sendo escasso no interior da região. É frequente durante o Inverno e também nas épocas de migração, especialmente na passagem pós-nupcial, que atinge o seu auge em Agosto e Setembro. O local mais importante para esta espécie é o estuário do Sado, onde a população invernante pode atingir um milhar de indivíduos.

82. Borrelho-pequeno-de-coleira *Charadrius dubius*

Estival nidificante pouco comum. Distribui-se por todo o interior do Alentejo, sendo aparentemente mais frequente na parte meridional da bacia do Guadiana. Na faixa costeira é escasso. Durante as épocas de passagem migratória também ocorre em locais onde não nidifica, nomeadamente nas zonas húmidas costeiras. Está presente sobretudo de Março a Setembro, mas existem diversos registos da sua ocorrência invernal. No final do Verão pode formar bandos de dimensão considerável, como foi o caso dos 116 indivíduos observados na albufeira de Montargil em Agosto de 2015.

83. Borrelho-de-coleira-interrompida *Charadrius alexandrinus*

Residente e migrador de passagem comum, que se distribui por toda a orla costeira. Durante as épocas de migração, pode ser localmente numeroso, sobretudo nas zonas húmidas, com destaque para o estuário do Sado, onde também existe uma importante população nidificante. Este borrelho ocorre igualmente no interior alentejano, geralmente em números muito reduzidos – a observação de 28 indivíduos na albufeira do Roxo, em Janeiro de 2017, constitui um registo invulgar pela quantidade. A nidificação no interior poderá acontecer esporadicamente, tendo já sido confirmada na albufeira de Alqueva.

84. Borrelho-ruivo *Charadrius morinellus*

Migrador de passagem e possivelmente invernante raro. Existem registos esporádicos em diversos locais da região, nomeadamente na albufeira do Caia e nas zonas de Mourão, Vidigueira, Castro Verde e Vila Nova de Milfontes (Odemira), nalguns casos envolvendo pequenos bandos. A maior observação conhecida diz respeito a 20 indivíduos em Vila Nova de Milfontes, em Outubro de 2016. Quase todas as observações foram efectuadas em Setembro e Outubro, havendo também um registo no mês de Abril.

85. Maçarico-galego *Numenius phaeopus*

Migrador de passagem pouco comum e invernante raro. A população invernante é reduzida e concentra-se ao longo da faixa litoral, nomeadamente em zonas húmidas e em sectores da costa rochosa. Durante as migrações o maçarico-galego é mais frequente e nessa época são por vezes vistos bandos de dimensão considerável. A passagem pré-nupcial dá-se principalmente em Abril e Maio, a pós-nupcial estende-se de Agosto a Outubro. Os registos no interior do território são raros e acontecem sobretudo na passagem primaveril.

86. Maçarico-real *Numenius arquata*

Invernante e provavelmente migrador de passagem pouco comum, que ocorre quase exclusivamente nas zonas húmidas costeiras, sendo raro no interior. O local onde é mais frequente é o estuário do Sado, onde a espécie é abundante e a população invernante atinge muitas centenas de aves (em Janeiro de 1993 foram aí contados 1754 indivíduos). O seu período principal de ocorrência estende-se de Agosto a Março, embora haja registos noutros meses do ano.

87. Fuselo *Limosa lapponica*

Migrador de passagem e invernante, pouco comum. Ocorre principalmente no estuário do Sado, onde a população ronda as duas centenas de indivíduos, os quais se concentram maioritariamente no canal da Comporta. No entanto, em Janeiro de 1994 foram contados 510 fuselos no estuário. Por vezes ocorre, em número reduzido, noutros pontos do litoral, especialmente durante as migrações. No interior é raro, havendo observações ocasionais junto a albufeiras.

88. Maçarico-de-bico-direito *Limosa limosa*

Migrador de passagem e invernante comum, que ocorre principalmente nas grandes zonas húmidas e nos terrenos alagados do litoral e, em menor número, no interior. Pode ser visto durante todo o ano, mas é especialmente abundante durante as migrações; a passagem pré-nupcial dá-se com mais intensidade em Janeiro e Fevereiro, a pós-nupcial estende-se de Julho a Outubro. O local mais importante para esta espécie é o estuário do Sado, onde frequentemente se juntam vários milhares de aves – em Janeiro de 1996 foram contados mais de 20000 indivíduos neste local.

89. Rola-do-mar *Arenaria interpres*

Invernante e migradora de passagem comum, que pode ser vista ao longo de toda a faixa costeira e, mais raramente, no interior. Está presente sobretudo de Agosto a Maio, com registos ocasionais durante o período reprodutor.

90. Seixoeira *Calidris canutus*

Migradora de passagem e invernante pouco comum, que se observa principalmente nas zonas húmidas costeiras – os três locais onde tem sido vista com mais regularidade são o estuário do Sado, a lagoa de Santo André e o estuário do Mira. É muito rara no interior.

91. Combatente *Calidris pugnax*

Migrador de passagem pouco comum e invernante raro. Ocorre geralmente em zonas húmidas, sendo mais frequente no litoral, mas ocasionalmente surge no interior. É mais comum durante as épocas de migração, tanto na passagem pré-nupcial como na pós-nupcial. A população invernante é muito reduzida, porém em Janeiro de 1994 foram contados 120 indivíduos no estuário do Sado.

92. Pilrito-de-bico-comprido *Calidris ferruginea*

Migrador de passagem pouco comum. Observa-se sobretudo nas zonas húmidas costeiras, com destaque para o estuário do Sado, havendo poucos registos no interior. É mais frequente durante a migração pós-nupcial, sobretudo de Agosto a Outubro aparecendo também, em menor número, na pré-nupcial, nomeadamente em Abril e Maio. Os registos invernais são muito escassos.

93. Pilrito-de-temminck *Calidris temminckii*

Migrador de passagem e possivelmente invernante raro. Conhecem-se algumas observações, tanto em zonas húmidas costeiras, como no interior, envolvendo aves isoladas ou pequenos bandos, com um máximo de 5 aves observadas na albufeira do Roxo em Fevereiro de 2020. O número reduzido de registos não permite definir um padrão claro de ocorrência.

94. Pilrito-das-praias *Calidris alba*

Invernante e migrador de passagem comum em praticamente toda a faixa costeira. Ocorre sobretudo em praias de areia ou rocha, mas também aparece em estuários, salinas e lagoas. No interior do território é relativamente raro. Pode ser visto ao longo de quase todo o ano, sendo mais numeroso de Agosto até princípios de Maio.

95. Pilrito-comum *Calidris alpina*

Migrador de passagem e invernante comum, que ocorre nas zonas húmidas costeiras e, ocasionalmente, no interior. É particularmente abundante no estuário do Sado, local que conta com uma população invernante de muitos milhares – em Janeiro de 1995 foram contados 15771 indivíduos nesse local.

Pilrito-comum

96. Pilrito-escuro *Calidris maritima*

Invernante raro, que surge em números muito reduzidos em sectores da costa rochosa, havendo algumas observações em Sines e na foz do rio Mira.

97. Pilrito-pequeno *Calidris minuta*

Visitante não nidificante, que ocorre geralmente em números reduzidos, embora por vezes surjam bandos de dimensão considerável. Tal como a maioria dos pilritos, é mais frequente na faixa litoral, sobretudo em estuários e lagoas costeiras, sendo escasso em águas interiores. Ocorre principalmente durante as épocas de passagem migratória. A população invernante concentra-se quase totalmente no estuário do Sado e não ultrapassa em geral a centena e meia de aves, mas em Janeiro de 1993 foram ali contados 422 indivíduos.

98. Pilrito-de-colete *Calidris melanotos*

São conhecidos sete registos desta limícola de origem neárctica. Seis dos registos foram efectuados entre meados de Setembro e meados de Outubro, envolvendo aves juvenis isoladas; o outro registo foi em Junho. Duas das observações foram efectuadas na lagoa de Santo André, duas outras na lagoa dos Patos (Alvito), uma em Almograve (Odemira), uma na albufeira de Montargil e uma no estuário do Sado.

99. Maçarico-de-bico-comprido *Limnodromus scolopaceus*

Conhecem-se apenas três registos desta espécie: o primeiro na lagoa dos Patos (Alvito) em Novembro e Dezembro de 1997; o segundo em Monte Novo (Alcácer do Sal) em Outubro de 2008; e o último em Alfarófia (Elvas) em Abril de 2012.

100. Galinhola *Scolopax rusticola*

Invernante pouco comum, cujo efectivo e cuja área de distribuição são mal conhecidos, devido aos seus hábitos crepusculares. Poderá ocorrer um pouco por todo o Alentejo, estando presente essencialmente de Outubro a Março.

101. Narceja-galega *Lymnocryptes minimus*

Invernante pouco comum, que ocorre principalmente em zonas alagadas. Parece ser mais frequente nas várzeas do rio Sado e dos seus afluentes que no resto da região. O seu período principal de ocorrência estende-se de Novembro a Março.

102. Narceja-real *Gallinago media*

O único registo conhecido foi efectuado perto de São Cristóvão (Montemor-o-Novo) em Fevereiro de 1997.

103. Narceja-comum *Gallinago gallinago*

Migradora de passagem e invernante comum. Distribui-se por toda a região, sendo mais numerosa no litoral, especialmente nas várzeas no baixo Sado. Ocorre sobretudo de Agosto a Abril.

104. Falaropo-de-bico-fino *Phalaropus lobatus*

Conhecem-se três observações deste falaropo no Alentejo: uma ave na lagoa de Santo André em Setembro de 1991, outra no mesmo local em Setembro de 1996 e por fim uma na albufeira do Poço da Rua (Montemor-o-Novo) em Setembro de 2007.

105. Falaropo-de-bico-grosso *Phalaropus fulicarius*

Conhece-se apenas uma observação, efectuada no sapal da Carrasqueira (Alcácer do Sal) em Dezembro de 1997.

106. Maçarico-das-rochas *Actitis hypoleucos*

Pouco comum, observa-se durante todo o ano, não sendo contudo claro se as aves nidificantes permanecem no país durante a época fria. Durante a Primavera tem uma distribuição alargada, ocorrendo de forma algo esparsa pelo território alentejano. Fora da época de nidificação torna-se mais frequente junto a zonas húmidas costeiras, quer como migrador de passagem, quer como invernante.

107. Maçarico-maculado *Actitis macularius*

A única observação conhecida envolveu uma ave observada na Herdade do Pinheiro (Alcácer do Sal) em Janeiro e Fevereiro de 1995.

108. Maçarico-bique-bique *Tringa ochropus*

Migrador de passagem e invernante pouco comum, que está presente de Janeiro a Março e novamente de finais de Junho até ao fim do ano. Ocorre um pouco por toda a região. Surge geralmente isolado ou aos pares mas na migração pós-nupcial aparecem por vezes bandos com mais de uma dezena de aves.

109. Perna-amarela-pequeno *Tringa flavipes*

Divagante raro, oriundo do continente americano e do qual se conhecem sete observações, a maioria das quais no último trimestre do ano. Todos os registos envolveram aves isoladas, tendo três deles sido efectuados no estuário do

Sado, um na lagoa de Santo André, dois no estuário do Mira e um em Penedo Gordo (Beja).

110. Perna-vermelha-comum *Tringa totanus*

Invernante e migrador de passagem comum. Tal como acontece com outras limícolas estuarinas, o principal local de ocorrência é o estuário do Sado, onde a população invernante pode superar o milhar. Ocorre em pequenos números noutros locais da faixa costeira e, esporadicamente, no interior. A espécie observa-se durante todo o ano, embora seja relativamente escassa durante a época dos ninhos. A sua nidificação já foi confirmada no estuário do Sado, mas poderá não ser regular.

111. Perna-verde-fino *Tringa stagnatilis*

O único registo conhecido foi efectuado no estuário do Sado e diz respeito a uma ave observada em Bocas de Palma (Alcácer do Sal), em Março de 1995. Saliente-se que existem diversos outros registos efectuados na margem norte deste estuário, muito perto do limite do Alentejo.

112. Maçarico-bastardo *Tringa glareola*

Migrador de passagem escasso, surge principalmente de Fevereiro a Abril e de Agosto a Outubro, com registos ocasionais noutros meses do ano. Ocorre em zonas húmidas costeiras e também em águas interiores, mas quase sempre em números muito reduzidos.

113. Perna-vermelha-escuro *Tringa erythropus*

Migrador de passagem e invernante escasso. Ocorre em zonas húmidas costeiras, com destaque para o estuário do Sado, onde a população invernante pode atingir algumas dezenas (em Janeiro de 1993 foram contados 32 indivíduos nessa área). Existem também alguns registos no interior, a maioria dos quais no Baixo Alentejo, em geral envolvendo números muito reduzidos, sendo raras as observações de mais de quatro indivíduos.

114. Perna-verde-comum *Tringa nebularia*

Invernante e migrador de passagem pouco comum. Ocorre quase sempre perto de água, mais frequentemente nas zonas húmidas costeiras e, por vezes, no interior do território. Está presente sobretudo de Agosto a Abril, sendo ocasionalmente registado durante os restantes meses. O efectivo invernante concentra-se principalmente no estuário do Sado, onde a população invernante pode atingir as quatro dezenas de indivíduos.

115. Perna-amarela-grande *Tringa melanoleuca*

Espécie acidental, de origem neárctica. O único registo conhecido no Alentejo diz respeito a uma ave observada nas salinas da Comporta, estuário do Sado, em Outubro de 1995.

116. Corredor *Cursorius cursor*

Apenas se conhecem dois registos desta limícola oriunda do Norte de África: uma ave perto de Castro Verde, em Agosto de 1997 e outra na lagoa de Santo André, em Março de 1998.

117. Perdiz-do-mar *Glareola pratincola*

Estival pouco comum, que se distribui de forma descontínua pelo interior alentejano, havendo diversos núcleos reprodutores, desde Elvas até Castro Verde. Está geralmente presente na região de finais de Março a Agosto.

118. Gaivota-tridáctila *Rissa tridactyla*

Invernante pouco comum, que deverá ser numerosa ao largo da costa alentejana, mas que só raramente é vista em terra firme. Ocorre sobretudo de Outubro a Março, havendo observações ocasionais no resto do ano. No início de 2009 registou-se um grande influxo de gaivotas-tridáctilas em Portugal, tendo havido inúmeras observações em zonas húmidas costeiras e até no interior do território, com duas aves vistas na albufeira da Póvoa (Castelo de Vide).

119. Gaivota-de-sabine *Xema sabini*

Migradora de passagem rara junto à costa, mas que deverá ser relativamente frequente ao largo. Conhece-se um registo em águas territoriais portuguesas, envolvendo duas aves vistas cerca de seis milhas náuticas a oeste do cabo de Sines, em Setembro de 1989.

120. Gaivota-de-bico-fino *Chroicocephalus genei*

Apenas se conhecem duas observações documentadas desta espécie que nidifica no sul de Espanha: um adulto na lagoa de Santo André, em Maio de 1995 e uma ave em Vila Nova de Milfontes (Odemira) em Fevereiro de 2020.

121. Guincho-comum *Chroicocephalus ridibundus*

Invernante e migrador de passagem muito comum, que está presente sobretudo de Julho a Março e, em menor número, durante os restantes meses. Distribui-se por toda a região, sendo geralmente mais numeroso no litoral que no interior. A sua nidificação já foi confirmada em diversas ocasiões, nomeadamente no estuário do Sado em 1995, na região de Elvas em 1997 e, mais recentemente, nas albufeiras do Alqueva e do Caia. No entanto, não se conhece nenhuma população reprodutora estável na região.

122. Gaivota-pequena *Hydrocoloeus minutus*

Migradora de passagem e invernante rara, que ocorre ao longo do litoral, tanto em mar aberto como em zonas húmidas costeiras e, mais raramente, em albufeiras no interior. O principal período de ocorrência desta gaivota estende-se de Novembro a Abril. Os seus números parecem variar bastante de uns anos para outros; no Inverno de 2008-09, a gaivota-pequena surgiu no país em números invulgarmente elevados, tendo nesse ano sido vista em diversos locais do Alentejo.

123. Gaivota-de-franklin *Leucophaeus pipixcan*

Um indivíduo foi observado em Vila Nova de Milfontes, Odemira, em Julho de 2019 e permaneceu na zona durante cerca de três meses. Este é o único registo conhecido na região desta espécie oriunda da América do Norte.

124. Gaivota-de-audouin *Ichthyaetus audouinii*

Esta gaivota é relativamente escassa no Alentejo, embora o número de registos tenha aumentado em anos recentes. As observações conhecidas, referentes a aves isoladas ou pequenos bandos, foram efectuadas sobretudo ao longo da faixa costeira, com raros registos no interior. A maior contagem envolveu 38 indivíduos e foi efectuada na lagoa de Santo André, em Julho de 2020.

Gaivota-de-cabeça-preta

125. Gaivota-de-cabeça-preta *Ichthyaetus melanocephalus*

Invernante e migradora de passagem comum, distribui-se ao longo de toda a costa alentejana. O principal local de ocorrência é o estuário do Mira, onde com frequência se juntam muitas centenas de aves, por vezes ultrapassando o milhar. No interior é rara, conhecendo-se observações isoladas na lagoa dos Patos (Alvito), nas albufeiras do Pisão

(Beja) e do Roxo e também no rio Guadiana. Ocorre habitualmente desde finais de Julho até Março.

126. Gaivota-parda *Larus canus*

Invernante escassa, que surge ocasionalmente na região, mas quase sempre em números reduzidos. É mais frequente ao longo da faixa costeira, havendo observações isoladas no interior. Ocorre habitualmente entre Outubro e Março.

127. Gaivota-de-bico-riscado *Larus delawarensis*

Invernante rara, da qual existem vários registos nos meses de Outono e Inverno. Quase todas as observações envolveram aves isoladas ou pequenos bandos e tiveram lugar ao longo da faixa costeira, nomeadamente no estuário do Sado, na lagoa de Santo André, no cabo de Sines ou no estuário do Mira. Existe um registo no interior, efectuado na lagoa dos Patos (Alvito).

128. Gaivotão-real *Larus marinus*

Invernante raro, que ocorre ao longo da faixa costeira, surgindo quase sempre em números muito reduzidos. A maioria das observações foi efectuada no período de Novembro a Fevereiro, com registos ocasionais noutros meses do ano.

129. Gaivota-hiperbórea *Larus hyperboreus*

Invernante rara, oriunda das regiões árcticas, que surge em Portugal quase todos os anos, mas geralmente em números muito reduzidos. No Alentejo são conhecidos oito registos, dos quais dois no estuário do Mira, três na zona de Sines, um na praia do Monte Velho (Santiago do Cacém), um na praia da Aberta Nova (Grândola) e um em Almograve (Odemira) As observações foram todas efectuadas no período de Novembro a Fevereiro.

130. Gaivota-polar *Larus glaucoides*

Divagante rara, oriunda das regiões árcticas, da qual se conhecem apenas seis registos, todos entre Novembro e Março. Três dos registos foram efectuados no estuário do

Sado, dois em Sines e um no cabo Sardão. Um dos registos de Sines envolveu duas aves, os restantes referem-se a indivíduos isolados.

131. Gaivota-prateada *Larus argentatus*

São conhecidos quatro registos recentes desta espécie no Alentejo: um na Carrasqueira (Alcácer do Sal), um na praia de S. Torpes (Sines), um no aterro sanitário de Beja e um no cabo Sardão. Existe igualmente uma referência a uma ave observada em Sines na década de 1950.

132. Gaivota-do-cáspio *Larus cachinnans*

Acidental, observada em apenas duas ocasiões: uma ave no aterro sanitário de Beja, em Abril de 2006, e outra portadora de uma anilha polaca na praia de São Torpes (Sines), em Setembro de 2012.

133. Gaivota-argêntea *Larus michahellis*

Residente comum, que ocorre ao longo de toda a orla costeira alentejana. Nidifica para sul de Sines em ilhas, ilhéus e sectores escarpados da costa. Com alguma regularidade é observada no interior, onde frequenta os aterros sanitários.

134. Gaivota-d'asa-escura *Larus fuscus*

Invernante e migradora de passagem abundante, que está presente principalmente de Julho a Março. É mais comum no litoral, mas também se observa no interior, em especial ao longo dos principais rios e em albufeiras. Ocorre igualmente em aterros sanitários, por vezes em concentrações que podem atingir os milhares de indivíduos.

135. Gaivina-de-bico-preto *Gelochelidon nilotica*

Estival nidificante pouco comum, que se distribui sobretudo pelo interior alentejano, onde nidifica em albufeiras de média ou grande dimensão. Os dois principais locais de reprodução são a albufeira do Caia e a albufeira de Alqueva, havendo contudo registos de nidificação noutros locais. A espécie surge igualmente em passagem migratória em sítios onde não nidifica, nomeadamente junto à costa. O seu período habitual de ocorrência estende-se de Março a Setembro.

136. Garajau-grande *Hydroprogne caspia*

Invernante e migrador de passagem escasso, que ocorre com alguma regularidade no estuário do Sado, nas lagoas de Santo André e Melides e na albufeira de Alqueva, geralmente em números reduzidos. No resto da região apenas se conhecem observações esporádicas. Existem registos em diferentes épocas do ano.

137. Garajau-comum *Thalasseus sandvicensis*

Migrador de passagem comum e invernante pouco comum. Observa-se habitualmente ao longo da faixa costeira, tanto em zonas húmidas como em mar aberto, podendo ser localmente abundante durante as épocas de passagem migratória. Por vezes sobe o rio Guadiana até à zona de Mértola, sendo porém raro noutros locais do interior.

138. Andorinha-do-mar-anã *Sternula albifrons*

Estival nidificante e migradora de passagem pouco comum. Nidifica nas principais zonas húmidas do litoral, nomeadamente no estuário do Sado e nas lagoas de Santo André e de Melides; localmente, nidifica também em albufeiras no interior (Caia e Alqueva). Ocorre ainda em passagem migratória ao longo da costa. Está presente sobretudo de Abril a Setembro.

139. Andorinha-do-mar-rósea *Sterna dougallii*

Acidental, da qual se conhece uma única observação: uma ave em Sines em Setembro de 1975.

140. Andorinha-do-mar-comum *Sterna hirundo*

Migradora de passagem pouco comum, que se observa principalmente no litoral e, mais raramente, no interior. A passagem pré-nupcial tem lugar em Abril e Maio, a pós-nupcial dá-se sobretudo de Agosto a Outubro. A sua nidificação tem sido registada, de forma algo irregular, no estuário do Sado.

141. Andorinha-do-mar-árctica *Sterna paradisaea*

Migradora de passagem pouco comum, que pode ser observada regularmente ao longo da costa portuguesa e, principalmente, no mar alto, durante as épocas de migração. O número de observações ao longo da costa alentejana é muito reduzido e não permite traçar de forma clara o padrão de ocorrência da espécie nesta região.

142. Gaivina-dos-pauis *Chlidonias hybrida*

Estival nidificante e migradora de passagem pouco comum e irregular, que pode ser relativamente numerosa em certos anos e estar quase totalmente ausente noutros. A sua nidificação já foi registada em diversos locais do interior alentejano. Quando em migração, frequenta também zonas húmidas costeiras. As observações conhecidas situam-se no período de Março a Setembro.

143. Gaivina-d'asa-branca *Chlidonias leucopterus*

Migradora de passagem rara e de ocorrência irregular, da qual se conhecem dez registos, sendo cinco efectuados na migração pré-nupcial, em Maio ou Junho, e os outros cinco na passagem pós-nupcial, de meados de Agosto a meados de Outubro. Metade dos registos foram efectuados na lagoa de Santo André e os restantes em albufeiras no interior da região – um dos registos envolveu cinco aves juntas, outro duas aves; em todos os outros casos foram vistos indivíduos isolados.

144. Gaivina-preta *Chlidonias niger*

Migradora de passagem pouco comum, que surge em números muito variáveis de ano para ano. Observa-se em zonas húmidas costeiras e também em albufeiras no interior. A migração pré-nupcial dá-se geralmente em Abril e Maio, a pós-nupcial de Agosto a Outubro.

145. Moleiro-grande *Stercorarius skua*

Invernante pouco comum, que ocorre regularmente no mar ao largo da costa, sendo visto com frequência a partir de terra. Ocorre sobretudo de Outubro a Abril, com observações ocasionais noutros meses.

146. Moleiro-pomarino *Stercorarius pomarinus*

Migrador de passagem e possivelmente invernante, pouco comum. O número de observações ao longo da costa alentejana é muito baixo, o que poderá constituir um reflexo do baixo esforço de observação direccionado a espécies de hábitos pelágicos.

147. Moleiro-parasítico *Stercorarius parasiticus*

Visitante não nidificante, que ocorre em mar aberto durante as épocas de migração e, ocasionalmente, nos meses de Inverno. Tal como no caso da espécie anterior, o número de observações ao longo da costa alentejana é muito reduzido e não permite definir com clareza o padrão de ocorrência e a sua abundância na região.

148. Airo *Uria aalge*

Invernante muito escasso nas costas alentejanas. O seu período de ocorrência na região não se encontra bem estabelecido, havendo observações efectuadas no cabo de Sines no período de Dezembro a Março.

149. Torda-mergulheira *Alca torda*

Invernante comum, que se observa no mar a partir da costa, principalmente no período de Novembro a Março. Por vezes surge em portos ou zonas húmidas costeiras, geralmente em números reduzidos.

150. Papagaio-do-mar *Fratercula arctica*

Migrador de passagem e invernante pouco comum. A informação sobre a situação desta espécie de hábitos pelágicos é muito escassa, é provável que seja regular ao largo da costa alentejana, mas só ocasionalmente tem sido avistada a partir de terra, nomeadamente no cabo de Sines.

O principal período de ocorrência estende-se de Novembro a Abril.

151. Mobelha-pequena *Gavia stellata*

Invernante rara, havendo apenas cerca de uma dezena de observações no Alentejo, todas no período de Dezembro a Março. Dois dos registos referem-se a indivíduos isolados na lagoa de Santo André, os restantes foram efectuados no estuário do Sado e envolveram aves isoladas ou pequenos grupos, com um máximo de quatro ou cinco aves em Janeiro de 2012.

152. Mobelha-árctica *Gavia arctica*

Esta mobelha é muito rara em Portugal e apenas se conhece um registo no Alentejo: um indivíduo observado na lagoa de Santo André, em Dezembro de 2000.

153. Mobelha-grande *Gavia immer*

Invernante rara, que tem sido observada anualmente, em números reduzidos. O local com maior número de observações é o estuário do Sado, onde a espécie tem sido vista em diferentes anos, com um máximo de 12 aves contadas em Janeiro de 2013. Existem também alguns registos na lagoa de Santo André e um em Sines. Os meses de Dezembro e Janeiro reúnem a grande maioria das ocorrências.

154. Alma-de-mestre *Hydrobates pelagicus*

Migrador de passagem, de hábitos pelágicos, que raramente é visto a partir de terra, mas que deverá ser comum ao largo. O seu período de ocorrência na região não se encontra bem estabelecido, conhecendo-se uma observação na praia do Carvalhal (Grândola) em Janeiro de 2011 e algumas observações efectuadas a partir do cabo de Sines.

155. Painho-de-cauda-forcada *Oceanodroma leucorhoa*

Invernante pouco comum, ocorre em águas portuguesas principalmente de Outubro a Fevereiro. Esta espécie tem hábitos fortemente pelágicos e o seu aparecimento junto à costa dá-se quase sempre em associação com tempestades. A situação na costa alentejana encontra-se mal documentada, conhecendo-se observações na lagoa de Santo André, no cabo de Sines, no cabo Sardão, no estuário do rio Mira e na praia do Carvalhal (Odemira). Excepcionalmente, e sob condições muito adversas, as aves podem arrastadas para o interior do território, havendo um caso de uma ave encontrada moribunda em Mértola, em Novembro de 1997.

156. Fulmar *Fulmarus glacialis*

Uma ave encontrada morta na praia da lagoa de Santo André em Fevereiro de 2009 e outra encontrada no mesmo local em Novembro de 2014.

157. Cagarra *Calonectris borealis*

Observa-se no mar ao longo de toda a faixa costeira, por vezes em números elevados. Está geralmente presente de finais de Fevereiro a Novembro.

158. Pardela-preta *Ardenna grisea*

Migradora de passagem pouco comum, que deverá ocorrer sobretudo de Agosto a Outubro. Tal como acontece com outras espécies de hábitos pelágicos, é mais frequente ao largo. Existem algumas observações efectuadas a partir de terra, nomeadamente do cabo de Sines e do cabo Sardão.

159. Pardela-de-barrete *Ardenna gravis*

Migradora de passagem, pouco comum junto à costa mas que deverá ser regular em mar aberto, ao largo; ocorre no final do Verão e no início do Outono, particularmente de meados de Agosto até Outubro. Por vezes é observada a partir de terra firme.

160. Pardela-sombria *Puffinus puffinus*

Migradora de passagem pouco comum, da qual se conhecem observações em diferentes meses do ano, no entanto as informações existentes são muito escassas e não permitem traçar claramente o padrão de ocorrência na região.

161. Pardela-balear *Puffinus mauretanicus*

Migradora de passagem e invernante, que ocorre em mar aberto ao largo da costa alentejana ao longo de todo o ciclo anual. Observa-se com regularidade a partir de terra, por vezes em números consideráveis.

162. Cegonha-preta *Ciconia nigra*

Estival nidificante rara, contando com uma população de algumas dezenas de casais. A sua área de distribuição abrange essencialmente a metade interior da região, desde o rio Tejo até ao baixo Guadiana. Durante as passagens também ocorre junto à faixa costeira. Chega geralmente em finais de Fevereiro e parte em Setembro ou Outubro, mas algumas aves permanecem na região durante o Inverno, muitas vezes junto a zonas húmidas – esta tendência tem vindo a acentuar-se na última década.

163. Cegonha-branca *Ciconia ciconia*

Migradora parcial. Distribui-se por todo o Alentejo e, de acordo com o censo nacional desta espécie, efectuado em 2014, a sua população nesta região conta com mais de sete mil casais (dos quais cerca de três mil no distrito de Beja). No Alentejo Litoral existe uma pequena população que nidifica em arribas costeiras o que constitui, tanto quanto se sabe, um caso único no mundo. Uma parte da população alentejana, constituída principalmente por juvenis, migra para África no final do Verão, mas muitas aves permanecem no Alentejo durante todo o ano, frequentando aterros sanitários e arrozais.

164. Ganso-patola *Morus bassanus*

Migrador de passagem e invernante comum. Observa-se ao largo da costa alentejana durante a maior parte do ano, mas em maior número de Outubro a Abril.

165. Alcatraz-de-pés-vermelhos *Sula sula*

Um juvenil no Cabo Sardão, Odemira, em Junho de 2019. Este é o único registo conhecido em Portugal.

166. Corvo-marinho-de-crista *Phalacrocorax aristotelis*

Residente escasso, que se distribui unicamente pela costa rochosa, a sul do cabo Sardão. A sua população é bastante reduzida, sendo composta por escassas dezenas de casais nidificantes.

Corvo-marinho-de-faces-brancas

167. Corvo-marinho-de-faces-brancas *Phalacrocorax carbo*

Invernante comum, que está presente no Alentejo sobretudo de Setembro a Março, embora possa ser visto em pequenos números durante a Primavera e o Verão. Ocorre por toda a região, sendo especialmente abundante no estuário do Sado, onde a população invernante pode atingir vários milhares de aves. A sua nidificação já foi registada na albufeira de Alqueva e na lagoa de Santo André, contando actualmente com mais de 150 casais.

168. Íbis-preta *Plegadis falcinellus*

Invernante pouco comum e nidificante rara. Ocorre no Alentejo ao longo de todo o ciclo anual, sendo mais comum no Outono e no Inverno, especialmente nas zonas húmidas costeiras, podendo ser localmente numerosa no estuário do Sado, onde a sua nidificação já foi confirmada. No interior o número de observações também tem vindo a aumentar.

169. Colhereiro *Platalea leucorodia*

Residente nidificante raro e localizado, que conta com mais de uma dezena de colónias, espalhadas pela região. A sua população nidificante parece estar a expandir-se, tendo sido recentemente detectadas novas colónias. O colhereiro é também um migrador de passagem e invernante pouco comum, que surge com regularidade em zonas húmidas costeiras e em massas de água no interior.

170. Abetouro *Botaurus stellaris*

Invernante raro, do qual se conhecem muito poucos registos na região. Já foi observado no estuário do Sado, na lagoa de Santo André e, ocasionalmente, no interior. A nidificação do abetouro foi confirmada em 1987 no açude da Murta (Alcácer do Sal).

171. Garçote *Ixobrychus minutus*

Estival nidificante raro, distribui-se de forma esparsa pelo interior da região, com observações esporádicas em zonas húmidas costeiras. Está presente sobretudo de Abril a Setembro, havendo registos ocasionais no período de invernada.

172. Garça-nocturna *Nycticorax nycticorax*

Estival nidificante e migradora de passagem rara. Em anos recentes, foi confirmada a nidificação no estuário do Sado e, localmente, no interior alentejano. Até à década de 1990 existiam no vale do rio Guadiana duas colónias importantes, situadas respectivamente junto ao Moinho das Fazendas (Vidigueira) e ao Moinho da Abóbada

(Alandroal), que hoje se encontram abandonadas. O período habitual de ocorrência estende-se de Março a Setembro.

173. Papa-ratos *Ardeola ralloides*

O estatuto migratório do papa-ratos no Alentejo é pouco claro, uma vez que existem registos em quase todos os meses do ano, tanto em zonas húmidas costeiras, como no interior da região. No entanto, a espécie é muito escassa, sendo raras as observações envolvendo mais de dois indivíduos. A sua nidificação já foi confirmada no açude da Murta (Alcácer do Sal), na foz da ribeira de Moinhos (Sines) e na albufeira de Alqueva.

174. Garça-boieira *Bubulcus ibis*

Residente comum, que se distribui por todo o Alentejo. Nidifica colonialmente, por vezes em associação com outras espécies de garças ou com cegonhas-brancas, contando com várias dezenas de colónias na região.

175. Garça-real *Ardea cinerea*

Residente nidificante pouco comum e invernante comum. Ocorre um pouco por todo o Alentejo, podendo surgir em qualquer local com água; é mais abundante nas zonas húmidas costeiras, com destaque para o estuário do Sado. Nidifica isoladamente ou em colónias.

176. Garça-vermelha *Ardea purpurea*

Estival nidificante pouco comum. Distribui-se sobretudo pelas zonas húmidas da metade litoral, nomeadamente o estuário do Sado e as lagoas de Santo André e da Sancha, mas também aparece no interior. Esta garça chega geralmente em Março e parte em Setembro, sendo muito raros os registos fora deste período.

177. Garça-branca-grande *Ardea alba*

Invernante pouco comum, que ocorre sobretudo de Outubro a Março, embora haja registos noutros meses do ano. A maioria dos registos envolveu indivíduos isolados ou pequenos bandos, mas existem observações envolvendo uma dezena de aves ou mais. Um censo realizado em Janeiro de 2018 permitiu concluir que a população invernante no Alentejo deverá ser superior a uma centena de indivíduos.

178. Garça-branca-pequena *Egretta garzetta*

Residente comum, que se distribui por toda a região, sendo especialmente abundante no estuário do Sado. Nidifica em colónias, muitas vezes em associação com a garça-boieira.

Águia-pesqueira

179. Águia-pesqueira *Pandion haliaetus*

Migradora de passagem e invernante pouco comum. Surge quase sempre associada a zonas húmidas, principalmente estuários, lagoas costeiras e albufeiras, sendo por isso mais frequente no litoral. Embora haja registos em todos os meses do ano, é mais numerosa nos períodos de passagem migratória. A população invernante da região deverá compreender 25 a 30 indivíduos. Em 2011 teve início um projecto de reintrodução da águia-pesqueira na albufeira de Alqueva, visando o estabelecimento de uma população nidificante; no âmbito deste projecto foram libertados diversos juvenis nesse ano e nos anos seguintes.

180. Peneireiro-cinzento *Elanus caeruleus*

Residente pouco comum, que se distribui por todo o Alentejo. Parece ser especialmente frequente na parte central do Baixo Alentejo. A sua área de distribuição aparenta estar em expansão, havendo registos recentes de nidificação no sudoeste.

181. Abutre-do-egipto *Neophron percnopterus*

Estival nidificante raro, cuja área de distribuição diminuiu consideravelmente ao longo das últimas décadas. Até ao final do século XX ainda nidificava na bacia do rio Guadiana, mas actualmente as observações nessa zona são apenas ocasionais. A espécie continua a ocorrer no norte alentejano, nomeadamente nas bacias dos rios Sever e Tejo e nas Portas de Ródão e, recentemente, também mais a jusante. A maioria das observações conhecidas foi efectuada entre Março e Agosto, havendo registos pontuais noutros meses no ano, mesmo em pleno Inverno.

182. Bútio-vespeiro *Pernis apivorus*

Estival nidificante pouco comum, que se distribui de forma esparsa pelo Alentejo, ocorrendo em densidades baixas. É mais frequente na metade norte da região, sendo muito escasso no Baixo Alentejo e no Alentejo Litoral. Durante a migração pós-nupcial, observa-se ocasionalmente em locais onde não nidifica. O seu período habitual de ocorrência estende-se de Abril a Outubro.

183. Grifo-africano *Gyps africanus*

Um perto de Mourão em Agosto de 2014, sendo este um dos dois registos conhecidos em Portugal.

184. Grifo-de-rüppell *Gyps rueppellii*

Espécie divagante proveniente da região afrotropical. Conhecem-se cerca de 25 registos, referentes a aves isoladas ou a pequenos grupos com um máximo de cinco indivíduos juntos. A principal zona de ocorrência situa-se no extremo norte da região, abrangendo as Portas de Ródão (onde houve casos de provável nidificação) e também outros locais no vizinho concelho de Nisa. Existem igualmente bastantes registos na metade oriental do Baixo Alentejo, nomeadamente nos concelhos de Castro Verde, Mértola, Serpa e Barrancos, mas apenas de meados de Abril a princípios de Novembro. Por fim há observações pontuais noutros locais do interior alentejano.

185. Grifo *Gyps fulvus*

Residente pouco comum. Nidifica apenas no norte alentejano, havendo diversas colónias em locais próximos da fronteira. No entanto, o grifo tem no Alentejo uma distribuição alargada, particularmente na metade interior, ocorrendo ao longo de todo o ano em diversas áreas onde não nidifica, não sendo raras as observações envolvendo várias dezenas de indivíduos. No Alentejo Litoral é raro, sendo a sua ocorrência meramente ocasional.

186. Abutre-preto *Aegypius monachus*

Residente pouco comum, ocorre ao longo de todo o ano. É de presença regular ao longo da raia alentejana, tornando-se mais escasso em direcção ao litoral, onde o seu aparecimento é ocasional. Depois de uma ausência que se estendeu por várias décadas, a nidificação do abutre-preto foi novamente registada no Alentejo em 2015 e actualmente a população reprodutora ascende a dez casais.

187. Águia-cobreira *Circaetus gallicus*

Estival nidificante pouco comum, que se distribui por todo o Alentejo. Ocorre principalmente de finais de Fevereiro a princípios de Novembro. Os registos fora deste período são raros e foram efectuados apenas na parte sul da região.

188. Águia-calçada *Hieraaetus pennatus*

Estival nidificante pouco comum, distribui-se por toda a região, mas é rara nas zonas serranas da parte sul. As áreas de maior abundância correspondem às manchas florestais no distrito de Portalegre e em certas zonas do distrito de Évora. Um pequeno número de indivíduos permanece em Portugal durante o Inverno, havendo diversas observações na proximidade de zonas húmidas, nomeadamente no estuário do Sado.

189. Águia-das-estepes *Aquila nipalensis*

São conhecidos cinco registos, todos posteriores a 2015 e todos referentes a indivíduos isolados. Quatro dos registos foram efectuados no concelho de Mértola e o quinto no de Castro Verde. É possível que a maioria destes registos diga respeito a um mesmo indivíduo.

190. Águia-imperial *Aquila adalberti*

Esta águia esteve ausente como nidificante durante várias décadas, mas recolonizou recentemente o país, nidificando em números reduzidos no Baixo Alentejo desde 2006. Mais recentemente, em 2014, voltou a nidificar no Alto Alentejo. A população nidificante no Alentejo é actualmente constituída por 21 casais.

191. Águia-real *Aquila chrysaetos*

Residente rara, que se distribui pelo interior da região, de forma muito descontínua. As principais áreas de ocorrência situam-se no rio Sever e também na margem esquerda do Guadiana entre Barrancos e Mértola. Juvenis em dispersão aparecem por vezes longe das zonas de nidificação.

192. Águia-de-bonelli *Aquila fasciata*

Residente pouco comum, que tem uma distribuição muito descontínua no Alentejo. Apresentou uma expansão recente para algumas zonas litorais, como a lagoa de Santo André e o estuário do rio Sado. Parece ser mais frequente no Baixo Alentejo e em certas zonas do Alentejo Litoral que no resto da região.

193. Gavião *Accipiter nisus*

Residente, migrador de passagem e invernante, pouco comum. Durante a época de nidificação distribui-se maioritariamente pelo Alto Alentejo e pelo Alentejo Litoral. No resto da região aparece sobretudo como invernante.

194. Açor *Accipiter gentilis*

Residente e invernante raro, que se distribui de forma esparsa pela região. Os seus hábitos florestais dificultam a sua detecção, mas parece ser um pouco mais frequente no norte alentejano. Na estação fria o efectivo é aparentemente reforçado por aves invernantes.

195. Tartaranhão-dos-pauis *Circus aeruginosus*

Residente e invernante pouco comum. Aparece muito associado a zonas húmidas, distribuindo-se principalmente ao longo da faixa costeira – a área mais importante para esta espécie é o estuário do Sado, onde pode ser considerado localmente comum. No interior da região é menos comum, sendo escasso no norte alentejano.

196. Tartaranhão-azulado *Circus cyaneus*

Invernante pouco comum, pode ser visto um pouco por toda a região, geralmente em números reduzidos. Pode formar dormitórios, por vezes em conjunto com a espécie anterior.

197. Tartaranhão-pálido *Circus macrourus*

Divagante ou invernante muito raro, observado em sete ocasiões. Todos os registos são posteriores a 2012, foram realizados entre Novembro e Março e envolveram indivíduos isolados, vistos em diferentes locais da região.

198. Tartaranhão-caçador *Circus pygargus*

Estival nidificante pouco comum, que tem uma distribuição vasta no Alentejo, onde frequenta principalmente as planícies cerealíferas. É mais numeroso na região do Campo Branco, mas a sua população tem vindo a diminuir de forma acentuada nas últimas décadas, tanto nesta zona como no resto da região. É muito escasso no Alentejo Litoral e na parte setentrional do Alto Alentejo. Chega geralmente em meados de Março e parte até Setembro.

199. Milhafre-real *Milvus milvus*

Invernante comum, que ocorre sobretudo de Outubro a Março no interior alentejano, onde pode ser localmente numeroso. Na zona de Castro Verde, conhecem-se dormitórios com centenas de indivíduos. Existem alguns registos durante a Primavera e o Verão, não sendo claro se se referem a indivíduos nidificantes. É possível que ainda ocorram alguns casais no Alto Alentejo, mas esta população poderá estar em vias de desaparecer, sendo de referir que a em Portugal população reprodutora desta espécie tem sofrido uma regressão acentuada.

200. Milhafre-preto *Milvus migrans*

Estival nidificante comum. Distribui-se de norte a sul do Alentejo, sendo mais abundante na metade interior e relativamente escasso no litoral. As primeiras aves chegam geralmente em finais de Fevereiro ou princípios de Março e a maioria parte em Agosto. Existem alguns registos em pleno Inverno, fora do período habitual de ocorrência, muitas vezes junto a aterros sanitários, com um máximo de cinco indivíduos no aterro de Beja em Dezembro de 2014.

201. Bútio-comum *Buteo buteo*

Residente, ocorre por todo o Alentejo. De uma forma geral pode ser considerado comum, sendo contudo um pouco mais escasso nas regiões mais áridas do extremo sueste da região e nas serras do sudoeste.

202. Coruja-das-torres *Tyto alba*

Residente comum, pode ser vista de norte a sul do Alentejo, geralmente nas imediações de zonas habitadas ou junto a edifícios abandonados.

203. Mocho-d'orelhas *Otus scops*

Estival pouco comum, que ocorre no Alentejo sobretudo de Março a Outubro. Distribui-se de forma muito esparsa pela região, sendo aparentemente um pouco mais frequente na metade interior, contudo a informação disponível não permite identificar nenhuma área onde a espécie possa ser considerada comum.

204. Bufo-real *Bubo bubo*

Residente pouco comum, com uma distribuição aparentemente descontínua. O principal núcleo populacional está situado nos vales do Guadiana e dos respectivos afluentes, havendo outros núcleos de menor dimensão no resto da região.

205. Coruja-do-mato *Strix aluco*

Residente comum, distribui-se pela maior parte do Alentejo, sendo especialmente abundante nas zonas mais densamente florestadas das bacias do Tejo e do Sado. É contudo muito escassa nas zonas mais desarborizadas do Baixo Alentejo.

206. Mocho-galego *Athene noctua*

Residente comum, com uma distribuição vasta. É mais frequente nos distritos de Évora e Beja, podendo ser localmente comum, por exemplo em olivais velhos.

207. Bufo-pequeno *Asio otus*

Residente raro, cuja área de distribuição é ainda hoje mal conhecida devido à sua reduzida detectabilidade. Os dados disponíveis sugerem que ocorre um pouco por todo o Alentejo, em densidades muito baixas. Pode formar pequenos dormitórios em zonas urbanas.

208. Coruja-do-nabal *Asio flammeus*

Invernante muito escassa, que surge no território a partir de finais de Setembro e permanece até Março ou Abril. Parece ser mais frequente no litoral, particularmente em zonas húmidas costeiras, sendo raros os registos no interior do território, embora a espécie ocorra pontualmente em áreas cerealíferas do interior alentejano, onde pode formar pequenos dormitórios.

209. Poupa *Upupa epops*

Principalmente residente, a poupa distribui-se por todo o Alentejo, sendo em geral comum. As zonas de maior abundância situam-se na bacia do Guadiana e nas planícies do Campo Branco.

210. Rolieiro *Coracias garrulus*

Estival raro, que nidifica quase exclusivamente nas zonas menos arborizadas do interior alentejano. Durante as passagens migratórias aparece por vezes noutros locais, nomeadamente ao longo da faixa costeira. Ocorre sobretudo de Abril a meados de Setembro. A sua população nidificante deverá situar-se entre os 100 e os 150 casais, a maioria dos quais na região de Castro Verde. Nos distritos de Évora e Portalegre esta espécie sofreu uma regressão acentuada ao longo das últimas décadas.

211. Guarda-rios *Alcedo atthis*

Residente e dispersivo, distribui-se um pouco por toda a região. De uma forma geral é pouco comum, surgindo quase sempre isolado ou aos pares. Pode ser considerado relativamente frequente nas grandes zonas húmidas, especialmente fora da época reprodutora.

212. Abelharuco-de-faces-azuis *Merops persicus*

O primeiro e único registo conhecido diz respeito a uma ave observada em Piçarras (Castro Verde) em Abril de 2014.

213. Abelharuco *Merops apiaster*

Estival comum, pode ser visto por todo o Alentejo, sendo em geral mais frequente no interior do que no litoral. O seu período de ocorrência habitual estende-se de finais de Março a meados de Setembro.

214. Torcicolo *Jynx torquilla*

Estival nidificante e migrador de passagem pouco comum. Ocorre geralmente em densidades baixas, sendo aparentemente mais frequente no Alentejo Litoral e em certas zonas do Alto Alentejo. Está presente sobretudo de

Abril a Outubro, mas existem alguns registos de Inverno, em especial na parte sul da região.

215. Pica-pau-galego *Dryobates minor*

Residente pouco comum, tem uma área de distribuição vasta que se estende de norte a sul do Alentejo, mas existem grandes assimetrias na sua abundância. É mais frequente no norte e na metade litoral, sendo relativamente raro em toda a bacia hidrográfica do Guadiana.

216. Pica-pau-malhado *Dendrocopos major*

Residente comum, distribui-se por toda a região, sendo mais frequente na metade litoral, onde encontra maior disponibilidade de habitat. É muito escasso nas zonas menos florestadas da bacia do Guadiana.

217. Pica-pau-verde *Picus sharpei*

Residente pouco comum, que apresenta uma distribuição ampla mas com bastantes descontinuidades. É mais comum no norte e no litoral, sendo bastante frequente em zonas com extensas plantações de pinheiros, como a serra de São Mamede ou o vale do Sado. É relativamente escasso no Alentejo Central e no Baixo Alentejo.

218. Peneireiro-das-torres *Falco naumanni*

Estival nidificante pouco comum, que se distribui pelo interior da região, de forma descontínua, com particular incidência no Baixo Alentejo. O período habitual de ocorrência estende-se de Fevereiro a Agosto. A população recuperou fortemente nos últimos 20 anos, como resultado de projectos de conservação dirigidos a esta espécie, e actualmente deverá contar com cerca de 500 casais.

219. Peneireiro-vulgar *Falco tinnunculus*

Residente comum, distribui-se por toda a região.

220. Falcão-de-pés-vermelhos *Falco vespertinus*

Até final de 2014 apenas se conheciam três registos deste pequeno falcão, que nidifica no leste europeu; um desses registos foi efectuado em 2004 e os outros dois em 2013, todos no Baixo Alentejo. Em Maio de 2015 um influxo sem precedentes trouxe mais de 100 aves desta espécie ao território português, tendo havido nesse mês inúmeras observações, também no Baixo Alentejo, com destaque para um registo envolvendo 21 indivíduos perto de Baleizão (Beja). Nos anos que se seguiram houve apenas mais dois registos isolados.

Peneireiro-das-torres

221. Falcão-da-rainha *Falco eleonorae*

Migrador de passagem raro. Existem observações em diversos locais do Alentejo, sobretudo nos meses de Primavera e Verão, mas não se conhece nenhum local onde a sua ocorrência possa ser considerada regular.

222. Esmerilhão *Falco columbarius*

Invernante raro, que ocorre de Outubro a Abril. Distribui-se de forma esparsa pela região, essencialmente em áreas abertas, sendo por isso visto com mais frequência em certas zonas do distrito de Évora e na parte central do distrito de Beja. Surge quase sempre isolado.

223. Ógea *Falco subbuteo*

Estival raro, que ocorre em densidades baixas. As zonas onde tem sido detectado com mais regularidade são a faixa costeira entre o estuário do Sado e o cabo de Sines e também as zonas serranas mais florestadas. No resto da região a sua ocorrência parece ser esporádica. Está presente de Abril a Outubro.

224. Alfaneque *Falco biarmicus*

Divagante muito raro, oriundo do Norte de África. Na região existe apenas um registo homologado, referente a um indivíduo observado em diferentes locais dos concelhos de Castro Verde e Mértola, em Julho de 2012. No entanto, conhecem-se outras observações atribuídas a esta espécie.

225. Falcão-peregrino *Falco peregrinus*

Residente e possivelmente invernante raro. Durante a época de nidificação, surge geralmente associado a zonas escarpadas, distribuindo-se apenas pela faixa costeira a sul de Sines. Fora da época dos ninhos também se observa com alguma frequência no resto da região, nomeadamente junto a zonas húmidas ou em planície.

226. Periquito-de-colar *Psittacula krameri*

Este psitacídeo, originário da África tropical e da Ásia, foi introduzido em Portugal durante as décadas de 1970 ou 1980, tendo já estabelecido populações selvagens na região de Lisboa e noutros locais do litoral norte e centro do país. No Alentejo é raro, conhecendo-se apenas observações ocasionais ao longo da faixa costeira e na cidade de Évora.

227. Picanço-real *Lanius meridionalis*

Residente comum. Ocorre por todo o Alentejo, sendo mais frequente nas zonas menos arborizadas do interior.

228. Picanço-barreteiro *Lanius senator*

Estival comum, ocorre desde Março a Setembro. Distribui-se por todo o Alentejo e, tal como o seu congénere, torna-se mais abundante à medida que se avança para o interior.

229. Papa-figos *Oriolus oriolus*

Estival pouco comum, ocorre um pouco por todo o Alentejo. As zonas onde é mais numeroso situam-se no nordeste da região, junto à serra de São Mamede, e no extremo sueste, na zona do baixo Guadiana. Está presente sobretudo de meados de Abril a meados de Setembro.

230. Gaio *Garrulus glandarius*

Residente comum, com uma distribuição vasta no Alentejo. A sua abundância varia conforme as regiões, sendo o nordeste e o sudoeste as zonas onde o gaio é mais frequente.

231. Pega-azul *Cyanopica cooki*

Residente comum, que se distribui por toda a região. É especialmente numerosa nos distritos de Setúbal e Beja. Esta situação contrasta com a que se regista nos distritos de Évora e Portalegre, onde a espécie é menos abundante e sua área de ocorrência apresenta algumas descontinuidades.

232. Pega-rabuda *Pica pica*

Residente, distribui-se principalmente pela metade oriental da região. É particularmente numerosa no Alentejo Central, sendo contudo muito escassa no Alentejo Litoral e na parte meridional do Baixo Alentejo.

233. Quebra-nozes *Nucifraga caryocatactes*

Espécie divagante proveniente da Europa central e setentrional. São conhecidos dois registos de aves isoladas: o primeiro diz respeito a uma ave abatida a tiro na Serra de Ossa (Estremoz) em Dezembro de 1888; o segundo envolveu uma ave capturada e anilhada na ribeira de Seda, Alto Alentejo, em Agosto de 1962.

234. Gralha-de-bico-vermelho *Pyrrhocorax pyrrhocorax*

A presença desta gralha no Alentejo é irregular. Existem registos dispersos um pouco por toda a região, envolvendo aves isoladas ou pequenos bandos, em locais tão variados como Marvão, Évora, Mértola ou Cabo Sardão. A maior concentração de que há notícia diz respeito a um bando de 38 indivíduos, observados na albufeira da Póvoa (Castelo de Vide) em Novembro de 2017. A origem das gralhas-de-bico-vermelho que aparecem no Alentejo é desconhecida, poderá tratar-se de aves oriundas de outras regiões do país ou da vizinha Espanha.

235. Gralha-de-nuca-cinzenta *Coloeus monedula*

Residente pouco comum, com uma distribuição muito fragmentada, que abrange essencialmente a metade interior da região. Também ocorre no Alentejo Litoral, mas apenas na faixa costeira a sul de Sines – nesta região é localmente comum, como por exemplo na ilha do Pessegueiro (Sines), porém a sua população diminuiu consideravelmente ao longo das últimas décadas. Está praticamente ausente da bacia hidrográfica do rio Sado.

236. Gralha-preta *Corvus corone*

Residente comum, com uma distribuição vasta. É especialmente frequente na bacia do Sado, tornando-se progressivamente menos comum à medida que se avança para o interior; é bastante escassa em certas zonas junto à fronteira, em especial na margem esquerda do rio Guadiana.

237. Corvo *Corvus corax*

Residente pouco comum, ocorre principalmente na metade interior da região, sendo relativamente raro no litoral, onde pontualmente ainda nidifica em arribas costeiras.

238. Chapim-carvoeiro *Periparus ater*

Residente pouco comum, que em Portugal ocorre quase exclusivamente a norte do rio Tejo. Ocorre localmente no distrito de Portalegre, onde pode ser visto quer na serra de

São Mamede, quer um pouco mais a oeste, na zona entre Ponte de Sor e Gavião. No resto da região é muito raro, havendo apenas registos isolados.

239. Chapim-de-poupa *Lophophanes cristatus*

Residente pouco comum, distribui-se por todo o Alentejo. Frequenta zonas florestais e apresenta preferência por bosques de resinosas, sendo por isso mais abundante no vale do Sado, onde é comum, e na parte norte do Alto Alentejo. É muito escasso em grande parte do interior alentejano, devido à falta de habitat favorável.

240. Chapim-azul *Cyanistes caeruleus*

Residente muito abundante, que se distribui por toda a região.

241. Chapim-real *Parus major*

Residente abundante, ocorre em todo o Alentejo, embora seja escasso nas zonas pouco arborizadas.

242. Chapim-de-faces-pretas *Remiz pendulinus*

Invernante pouco comum, que aparece sobretudo de Outubro a Março. É mais frequente no litoral, em especial no vale do Sado, mas também aparece localmente no interior. Existem registos isolados de nidificação em diferentes locais do Alentejo.

243. Cotovia-dos-bosques *Lullula arborea*

Residente comum, distribui-se por todo o Alentejo, sendo mais abundante na região da serra de São Mamede e nos vales do Sado e do Mira, sendo consideravelmente mais escassa na bacia do Guadiana.

244. Laverca *Alauda arvensis*

Invernante comum, que ocorre um pouco por toda a região. Por ser uma espécie típica de terrenos abertos, é mais abundante no Baixo Alentejo, onde encontra maiores disponibilidades de habitat. Ocorre essencialmente de Outubro a Março.

245. Cotovia-montesina *Galerida theklae*

Residente comum, cuja área de distribuição abrange o todo o interior e também uma estreita faixa ao longo da costa, mas parece estar ausente das zonas mais florestadas do Alentejo Litoral. De uma forma geral é mais frequente nas áreas mais próximas da fronteira, sendo especialmente comum no sueste alentejano, correspondente à parte meridional da bacia do Guadiana.

246. Cotovia-de-poupa *Galerida cristata*

Residente comum, que apresenta uma distribuição vasta, ocorrendo um pouco por todo o Alentejo, essencialmente em zonas abertas.

247. Calhandrinha-comum *Calandrella brachydactyla*

Estival pouco comum, com uma distribuição ampla na região. É claramente mais comum no distrito de Beja do que no resto da sua área de distribuição. Está presente no território sobretudo de finais de Março a finais de Setembro.

248. Calhandra-real *Melanocorypha calandra*

Residente pouco comum, ocorre essencialmente no interior alentejano, desde Castelo de Vide até Mértola, embora a sua área de distribuição apresente bastantes descontinuidades. As planícies pouco arborizadas do Campo Branco são, provavelmente, a zona onde esta espécie é mais abundante.

249. Andorinha-das-barreiras *Riparia riparia*

Estival nidificante comum, que se distribui sobretudo pela metade ocidental da região. É especialmente abundante ao longo das várzeas do rio Sado, das ribeiras de Sor e do Divor e da faixa costeira. Na bacia do Guadiana é menos comum e ocorre principalmente na região de Elvas, sendo muito escassa em toda a metade interior do Baixo Alentejo. Ocorre habitualmente de Fevereiro a Setembro.

Andorinha-das-barreiras

250. Andorinha-das-chaminés *Hirundo rustica*

Estival nidificante muito comum, que se distribui por todo o Alentejo. Chega geralmente a partir de Janeiro nas zonas mais a sul e a partir de Fevereiro na metade norte, regressando a África em Agosto ou Setembro. Ocasionalmente é vista no último trimestre do ano.

251. Andorinha-das-rochas *Ptyonoprogne rupestris*

Residente pouco comum. Como nidificante distibui-se essencialmente pelo interior alentejano. As zonas de maior abundância situam-se no extremo norte da região, nomeadamente na zona de Nisa e na serra de São Mamede, e na parte oriental, ao longo dos vales do Guadiana e dos seus afluentes. Na estação fria aparece com regularidade na faixa costeira, em locais onde não nidifica. No entanto, no vale do Sado é rara durante todo o ano.

252. Andorinha-dos-beirais *Delichon urbicum*

Estival comum, ocorre por todo o Alentejo, sendo mais numerosa junto a aglomerados populacionais de média ou grande dimensão. Está presente sobretudo de Janeiro a Outubro, com registos ocasionais nos últimos dois meses do ano.

253. Andorinha-dáurica *Cecropis daurica*

Estival nidificante pouco comum. Esta andorinha, cuja presença era desconhecida em Portugal na primeira metade do séc. XX, foi observada pela primeira vez na região de Portel em 1951. De então para cá foi-se expandindo de forma progressiva e actualmente distribui-se por todo o Alentejo, sendo mais abundante nas zonas mais orientais da região. Chega habitualmente em finais de Fevereiro e parte até Outubro. Há registos pontuais nos meses de Inverno.

254. Rouxinol-bravo *Cettia cetti*

Residente comum, distribui-se por toda a região, sendo especialmente frequente no vale do Sado e em certas zonas do distrito de Portalegre, sendo comparativamente escasso no Baixo Alentejo.

255. Chapim-rabilongo *Aegithalos caudatus*

Residente pouco comum, que se distribui por todo o Alentejo, sendo mais numeroso no vale do Sado, na parte ocidental do norte alentejano e em certas zonas do vale do Guadiana.

256. Felosa-assobiadeira *Phylloscopus sibilatrix*

Acidental ou possivelmente migradora de passagem rara, da qual existem pelo menos duas observações conhecidas: uma na lagoa de Santo André em Setembro de 1986 e outra em Cabeção (Mora) em Setembro de 1990.

257. Felosa-de-bonelli *Phylloscopus bonelli*

Estival pouco comum, que se distribui principalmente pela parte noroeste da região, ao longo de uma faixa que se estende de Ponte de Sor a Alcácer do Sal. Ocorre também, em números reduzidos, na serra da São Mamede. No resto do Alentejo é escassa e aparece principalmente durante as migrações. Observa-se habitualmente de Abril a Setembro.

258. Felosa-bilistada *Phylloscopus inornatus*

Migradora de passagem ou invernante rara, observada sobretudo no último trimestre do ano. Conhecem-se registos em diferentes locais da região, incluindo vários casos de aves capturadas em sessões de anilhagem perto de Vila Nova de Milfontes (Odemira).

259. Felosa-musical *Phylloscopus trochilus*

Migradora de passagem comum na passagem pós-nupcial (Agosto a Outubro) e pouco comum na passagem pré-nupcial (Março e Abril). Pode ser vista um pouco por toda a região.

260. Felosa-comum *Phylloscopus collybita*

Invernante muito abundante, que parece ser mais numerosa nas terras baixas do litoral e está presente na região sobretudo de Outubro a Março. Existem dois registos de machos a cantar em plena época de reprodução na zona da serra de São Mamede: um em São Salvador da Aramenha (Marvão) em Junho de 1997 e outro perto de Castelo de Vide em Junho de 2000, todavia não se sabe se a espécie nidifica nesta área.

261. Felosa-ibérica *Phylloscopus ibericus*

Estival comum, que se distribui pela metade ocidental da região, ocorrendo nas bacias hidrográficas do Tejo e do Sado e ainda nas serras do sudoeste. Na metade interior é escassa e parece estar praticamente ausente de toda a bacia do Guadiana. Chega em finais de Fevereiro e permanece até Setembro.

262. Felosa-boreal *Phylloscopus borealis*

O único registo conhecido envolveu uma ave capturada e anilhada na lagoa de Santo André, em Setembro de 2009.

263. Rouxinol-grande-dos-caniços *Acrocephalus arundinaceus*

Estival pouco comum, que se distribui pela maior parte da região, embora com bastantes descontinuidades e estando ausente de uma grande parte do Alto Alentejo. É especialmente comum na bacia do Sado. Está presente de finais de Março a princípios de Setembro, com registos ocasionais fora deste período.

264. Felosa-real *Acrocephalus melanopogon*

Divagante rara, oriunda do Mediterrâneo. São conhecidos três registos no Alentejo: um na lagoa de Santo André, envolvendo sete indivíduos capturados e anilhados em Outubro de 1977; outro referente a uma ave capturada e anilhada junto ao estuário do Sado no antigo caniçal do Rabo de Bacalhau (Alcácer do Sal) em Janeiro de 1979; e por fim uma ave observada na lagoa de Santo André em Fevereiro de 2001.

265. Felosa-aquática *Acrocephalus paludicola*

Migradora de passagem rara e de difícil observação, que tem sido detectada unicamente na migração pós-nupcial. São conhecidos alguns registos na lagoa de Santo André, referentes a aves capturadas em redes de anilhagem, durante os meses de Agosto e Setembro.

266. Felosa-dos-juncos *Acrocephalus schoenobaenus*

Migradora de passagem pouco comum, que ocorre tanto na passagem pré-nupcial, de meados de Fevereiro a Abril, como na pós-nupcial, de meados de Julho a Outubro. Parece ser mais comum nas zonas húmidas costeiras, embora existam observações um pouco por toda a região. Os seus hábitos discretos dificultam a sua detecção.

267. Felosa-agrícola *Acrocephalus agricola*

Divagante muito rara, proveniente da Ásia central. São conhecidos quatro registos, todos referentes a aves capturadas em sessões de anilhagem entre finais de Agosto e finais de Outubro. Três destes registos foram efectuados na lagoa de Santo André entre 1995 e 2013 e o outro registo teve lugar em Vila Nova de Milfontes (Odemira) em 2016.

268. Felosa-de-blyth *Acrocephalus dumetorum*

O único registo conhecido na região diz respeito a um indivíduo capturado no decurso de uma sessão de anilhagem em Vila Nova de Milfontes, Odemira, em Outubro de 2016.

269. Rouxinol-pequeno-dos-caniços *Acrocephalus scirpaceus*

Estival pouco comum e migrador de passagem comum. Como nidificante ocorre principalmente na metade litoral do território, sendo bastante mais escasso no interior. Durante as migrações ocorre um pouco por toda a região. O seu período normal de ocorrência estende-se de meados de Março a princípios de Novembro.

270. Felosa-pálida *Iduna opaca*

Estival rara e possivelmente irregular, cuja área de distribuição é mal conhecida, em virtude da sua escassez. A maioria dos registos provém da bacia hidrográfica do Guadiana, em especial junto a Elvas, onde em anos recentes tem havido registo de vários machos a cantar na Primavera. Conhecem-se também duas observações na parte norte do distrito de Portalegre. O período de ocorrência parece ir de finais de Abril até Outubro.

271. Felosa-poliglota *Hippolais polyglotta*

Estival nidificante comum, ocorre por todo o Alentejo, sobretudo de meados de Abril a meados de Setembro. É mais comum no norte e no litoral; a zona onde é mais escassa situa-se na bacia do Guadiana.

272. Felosa-malhada *Locustella naevia*

Migradora de passagem pouco comum, que ocorre sobretudo na migração pós-nupcial, de Agosto a Outubro. Durante a passagem pré-nupcial é rara, havendo registos ocasionais nos meses de Março e Abril. É mais frequente nas zonas húmidas costeiras, sendo escassas as observações no interior.

273. Felosa-unicolor *Locustella luscinioides*

Estival rara, com uma distribuição muito localizada. O principal local de ocorrência é a lagoa de Santo André, onde existe uma importante população nidificante. Há registos primaveris noutros locais da faixa costeira, como as lagoas de Melides e da Sancha ou a foz da ribeira de Moinhos (Sines) e, muito localmente, no interior da região. Refiram-se também dois registos de machos a cantar no sapal da Carrasqueira (Alcácer do Sal), efectuados em 1996, mas o estatuto actual da espécie nesse local não é claro. Só raramente é vista em passagem migratória fora dos locais de reprodução.

274. Fuinha-dos-juncos *Cisticola juncidis*

Residente abundante, que ocorre por toda a região, embora seja muito escassa nas zonas mais densamente florestadas.

275. Toutinegra-das-figueiras *Sylvia borin*

Migradora de passagem comum, que ocorre sobretudo na passagem pós-nupcial, a qual se estende de finais de Agosto até Outubro. Na passagem pré-nupcial é pouco numerosa e aparece geralmente em Abril e Maio.

276. Toutinegra-de-barrete-preto *Sylvia atricapilla*

Residente comum e invernante abundante. Durante a Primavera e o Verão é mais comum no Alto Alentejo e no Alentejo Litoral, tornando-se progressivamente menos abundante à medida que se avança para sul e para o interior, sendo muito escassa em grande parte do Baixo Alentejo. Na estação fria, porém, surge em grandes números em toda a região, mesmo nas zonas onde não nidifica.

277. Toutinegra-real *Curruca hortensis*

Estival rara, que nidifica principalmente na metade interior do território. Tem uma distribuição vasta que se estende desde Nisa até Mértola, mas ocorre geralmente em densidades muito baixas. Entre as zonas onde tem havido mais regularidade de registos ao longo dos anos podem referir-se Marvão, Mora e Barrancos. Ocorre de Abril a princípios de Setembro. Só raramente é vista em passagem migratória.

278. Toutinegra-de-cabeça-preta *Curruca melanocephala*

Residente comum, que se distribui por todo o Alentejo.

279. Toutinegra-carrasqueira *Curruca iberiae*

Estival nidificante pouco comum, que se observa de Março a Outubro. Pode ver-se sobretudo no interior alentejano, ocorrendo também nas serras do sudoeste, mas a sua área de distribuição apresenta bastantes descontinuidades. É mais frequente na serra de São Mamede e nas áreas circundantes do que no resto da região. Também se observa em passagem migratória.

280. Papa-amoras-comum *Curruca communis*

Migrador de passagem comum, que pode ser visto um pouco por toda a região. É claramente mais frequente na passagem pós-nupcial, especialmente durante o mês de Setembro, que na pré-nupcial.

281. Toutinegra-tomilheira *Curruca conspicillata*

Estival nidificante escassa, que apresenta uma distribuição bastante descontínua. Ocorre quase exclusivamente na metade interior da região, conhecendo-se duas zonas principais de ocorrência: uma na parte norte do Alto Alentejo, entre Nisa e Castelo de Vide; a outra no extremo sueste da região, entre Castro Verde, Almodôvar e Mértola. O seu período habitual de ocorrência encontra-se mal documentado, mas deverá estender-se de Março a Setembro.

282. Toutinegra-do-mato *Curruca undata*

Residente pouco comum, com uma distribuição vasta mas muito descontínua. Entre as zonas onde é mais frequente, refiram-se: o extremo norte do Alentejo, entre Gavião e a serra de São Mamede; as zonas arenosas da faixa litoral entre Tróia (Grândola) e o cabo de Sines; e a bacia do Guadiana entre Alandroal e Mértola. No resto da região a espécie aparece em densidades muito baixas, mas durante a estação fria surge regularmente em muitos locais onde não nidifica.

Toutinegra-do-mato

283. Estrelinha-real *Regulus ignicapilla*

Residente rara e invernante pouco comum. Como nidificante ocorre apenas na serra de São Mamede e em certas zonas da metade ocidental da região, em números muito reduzidos. Durante a época fria tem uma distribuição alargada e ocorre um pouco por todo o Alentejo.

284. Estrelinha-de-poupa *Regulus regulus*

Invernante rara, que aparece sobretudo de Novembro a Março. Parece ser um pouco mais frequente na metade litoral, embora a sua escassez e as dificuldades de detecção tornem difícil a determinação da abundância.

285. Carriça *Troglodytes troglodytes*

Residente comum, com uma distribuição ampla. É mais abundante no Alto Alentejo e no Alentejo Litoral, tornando-se menos comum à medida que se avança para sul e leste. A bacia do Guadiana é a zona onde a carriça é menos frequente.

286. Trepadeira-azul *Sitta europaea*

Residente comum, com uma distribuição vasta na região. Mais numerosa no litoral e na metade norte, torna-se mais escassa à medida que se avança para sueste, estando praticamente ausente das zonas menos florestadas do Baixo Alentejo. Na metade ocidental da região surge fortemente associada ao sobreiro.

287. Trepadeira-dos-muros *Tichodroma muraria*

Espécie divagante ou possivelmente invernante muito rara, oriunda das cordilheiras montanhosas de outros países europeus. Conhecem-se três registos no Alentejo: o primeiro diz respeito a um indivíduo observado no castelo de Marvão, em Dezembro de 1995; o segundo teve lugar em Março e Abril de 2018 no cabo Sardão, Odemira; o terceiro foi em Maio de 2018 perto do Galeado, também no concelho de Odemira.

288. Trepadeira-comum *Certhia brachydactyla*

Residente comum, ocorre por todo o Alentejo. É bastante frequente, excepto no extremo sueste, onde se torna muito escassa.

289. Estorninho-rosado *Pastor roseus*

Divagante muito raro oriundo do sueste europeu e da Ásia. São conhecidos três registos na região: um juvenil no cabo Sardão em Outubro de 2002, um indivíduo em Castro Verde em Abril de 2010 e um em Álvares (Mértola) em Março de 2019.

290. Estorninho-malhado *Sturnus vulgaris*

Invernante comum, ocorre sobretudo de Outubro a Fevereiro. Existem registos um pouco por toda a região – contudo, a sua área de distribuição e a sua abundância são mascaradas, devido às dificuldades de identificação e à tendência que apresenta para se associar com o estorninho-preto, não havendo por isso informações muito precisas sobre as zonas onde é mais abundante.

291. Estorninho-preto *Sturnus unicolor*

Residente abundante, distribui-se por todo o Alentejo.

292. Melro-de-peito-branco *Turdus torquatus*

Migrador de passagem e possivelmente invernante raro. A distribuição da espécie na região não é bem conhecida, havendo registos em Marvão, na Contenda (Moura), na zona de Borba, em Castro Verde e em diversos locais da faixa costeira. A maioria dos registos com data conhecida teve lugar em Outubro ou Novembro, sugerindo que se tratasse de aves em migração pós-nupcial.

293. Melro-preto *Turdus merula*

Residente muito comum, que se distribui por toda a região. De uma forma geral é abundante, sendo apenas um pouco mais escasso em certas zonas pouco arborizadas, particularmente no distrito de Beja.

294. Tordo-zornal *Turdus pilaris*

Invernante raro, que ocorre principalmente de Novembro a Fevereiro, com raros registos fora deste período. A maioria das observações conhecidas envolveu aves isoladas ou bandos de pequena dimensão, havendo um caso de 5 aves observadas perto de Évora em Fevereiro de 2011. Existem registos dispersos um pouco por toda a região, mas a informação disponível é escassa e não permite indicar em que zonas do Alentejo este tordo é mais frequente. Saliente-se que o número de aves que inverna no país varia de forma acentuada de uns anos para outros.

295. Tordo-ruivo *Turdus iliacus*

Invernante, surge em números muito variáveis de ano para ano, podendo ser muito comum em certos anos e relativamente escasso noutros. Observa-se um pouco por todo o Alentejo, sobretudo de meados de Outubro até

Março, muitas vezes em associação com outras espécies de tordos. Parece ser mais abundante na metade oriental da região.

296. Tordo-comum *Turdus philomelos*

Invernante muito comum. Aparece em toda a região, sendo aparentemente mais numeroso na metade interior. Está presente de Outubro a inícios de Abril.

297. Tordoveia *Turdus viscivorus*

Residente pouco comum, tem uma distribuição vasta no Alentejo, mas ocorre geralmente em baixas densidades. Parece ser mais frequente no Alentejo Litoral e em certas zonas do Alto Alentejo.

298. Rouxinol-do-mato *Cercotrichas galactotes*

Estival nidificante raro, que se distribui sobretudo pela bacia hidrográfica do rio Guadiana, sendo conhecidos dois núcleos principais: um na zona de Reguengos de Monsaraz e outro na área situada entre Castro Verde e Mértola. Está presente no país de Maio a Agosto, sendo muito escassos os registos fora deste período.

299. Papa-moscas-cinzento *Muscicapa striata*

Estival nidificante pouco comum, que se distribui principalmente ao longo da parte noroeste da região, entre Ponte de Sor e Santiago do Cacém, ocorrendo também localmente noutras zonas do Alto Alentejo. É igualmente um migrador de passagem, sendo por vezes comum na migração pós-nupcial, de Agosto a princípios de Novembro e pouco comum ou raro na migração pré-nupcial, que decorre sobretudo em Abril e Maio.

300. Pisco-de-peito-ruivo *Erithacus rubecula*

Residente pouco comum e invernante abundante. Como nidificante tem uma distribuição bastante fragmentada; as principais zonas de ocorrência situam-se ao longo do rio Tejo em Gavião; na serra de São Mamede; nas serras de Ossa, Grândola e Mendro; e ainda no litoral sudoeste, nomeadamente na bacia do Mira. Tambem ocorre localmente na metade ocidental dos distritos de Évora e Portalegre. No resto do Alentejo aparece essencialmente como invernante, observando-se de Outubro a Março.

301. Pisco-de-peito-azul *Luscinia svecica*

Migrador de passagem e invernante pouco comum, que ocorre no Alentejo principalmente de Agosto a Março. Distribui-se sobretudo ao longo da faixa litoral, nomeadamente nas zonas húmidas costeiras (em sapais, caniçais e restolhos de arroz) e ao longo do vale do Sado, sendo relativamente escasso no resto da região.

302. Rouxinol-comum *Luscinia megarhynchos*

Estival e migrador de passagem comum, que pode ser visto de finais de Março a finais de Agosto, por vezes mais tarde. Distribui-se por toda a região, sendo mais comum no norte e no litoral e um pouco menos frequente no Baixo Alentejo.

303. Papa-moscas-preto *Ficedula hypoleuca*

Migrador de passagem muito abundante durante a migração pós-nupcial; pode ocorrer de finais de Julho a princípios de Novembro, sendo especialmente numeroso durante o mês de Setembro. Na migração pré-nupcial é relativamente escasso, aparecendo por vezes no início da Primavera, em especial quando os ventos sopram de leste.

304. Rabirruivo-preto *Phoenicurus ochruros*

Residente pouco comum e invernante comum. Como nidificante ocorre nos sectores mais escarpados do litoral e, de forma muito localizada, no interior, sendo mais frequente na serra de São Mamede e nas áreas circundantes do que no resto do interior alentejano. De Outubro a Março a população é reforçada com um grande contingente invernante, podendo então a espécie ser vista por toda a região.

305. Rabirruivo-de-testa-branca *Phoenicurus phoenicurus*

Estival nidificante e migrador de passagem pouco comum. Distribui-se de forma descontínua, ocorrendo sobretudo na metade ocidental da região, ao longo de uma faixa que se estende de Gavião até Santiago do Cacém; também existe um núcleo populacional importante na serra de São Mamede. No resto da região é muito escasso, estando praticamente ausente do Baixo Alentejo como nidificante. Durante as passagens migratórias surge regularmente em locais onde não nidifica, particularmente ao longo da faixa costeira. Ocorre habitualmente de finais de Março a Outubro.

306. Melro-das-rochas *Monticola saxatilis*

Migrador de passagem raro, do qual se conhecem muito poucos registos – existem observações na zona de Marvão e em São Miguel do Pinheiro (Mértola), ambas no período de migração outonal (Setembro e Outubro), e uma outra em Vila Viçosa, no mês de Abril.

307. Melro-azul *Monticola solitarius*

Residente pouco comum, cuja área de distribuição apresenta muitas descontinuidades. Ocorre essencialmente em três zonas: nas áreas mais acidentadas do Alto Alentejo (entre a serra de São Mamede e o vale do Tejo), na bacia hidrográfica do Guadiana e na faixa costeira a sul de Sines. Está praticamente ausente da bacia do Sado e da metade norte do distrito de Beja, sendo além disso muito escasso na metade ocidental dos distritos de Évora e Portalegre. Frequenta sobretudo zonas escarpadas ou edifícios em ruínas, mas localmente também surge em meios urbanos.

308. Cartaxo-nortenho *Saxicola rubetra*

Migrador de passagem pouco comum, que se observa na passagem pós-nupcial (Setembro e Outubro) e, pontualmente, na pré-nupcial (Abril e Maio).

309. Cartaxo-comum *Saxicola rubicola*

Residente comum, distribui-se por todo o Alentejo.

310. Cartaxo-siberiano *Saxicola maurus*

São conhecidos dois registos de aves isoladas, ambos efectuados na lagoa de Santo André: o primeiro em Novembro de 1993 o outro em Novembro de 1995.

311. Chasco-cinzento *Oenanthe oenanthe*

Migrador de passagem comum, especialmente na migração pós-nupcial, que se estende desde Agosto a meados de Novembro. Ocasionalmente é visto na migração primaveril, principalmente em Março e Abril.

Chasco-ruivo

312. Chasco-ruivo *Oenanthe hispanica*

Estival nidificante pouco comum, que se distribui essencialmente pela metade interior do território, mas de forma algo descontínua. É mais frequente no Baixo Alentejo, particularmente na região de Mértola. É muito escasso como nidificante ao longo da faixa costeira, embora aí apareça ocasionalmente durante as suas migrações. Ocorre de Março a Setembro.

313. Chasco-preto *Oenanthe leucura*

Até ao virar do milénio podia ser observado de forma muito localizada no interior da região, nomeadamente no castelo de Marvão, nalgumas zonas rurais perto de Nisa, nas Portas de Ródão e no castelo de Noudar (Barrancos). Num passado mais remoto terá mesmo tido uma distribuição mais alargada, havendo testemunhos da sua ocorrência em Vila Viçosa na primeira metade do século XX. A situação actual é incerta, já que não se conhecem observações posteriores a 2000, sendo provável que este chasco tenha desaparecido totalmente do Alentejo.

314. Melro-d'água *Cinclus cinclus*

Espécie de ocorrência muito rara na região e cujo estatuto actual não é muito claro. Em 2005 e 2006 foi notada a presença da espécie no rio Sever, perto de Marvão, tendo então sido confirmada a sua nidificação no local, no entanto nos anos seguintes a espécie desapareceu da área. Conhecem-se também relatos que sugerem a sua ocorrência ao longo de outros cursos de água da serra de São Mamede, mas esta situação encontra-se mal documentada.

315. Pardal-comum *Passer domesticus*

Residente muito comum, distribui-se por todo o Alentejo.

316. Pardal-espanhol *Passer hispaniolensis*

Este pardal tem uma distribuição vasta no interior do Alentejo, sendo geralmente comum. Nas últimas décadas tem vindo a expandir-se e é hoje numeroso em áreas onde há 30 anos não era conhecida a sua presença, nomeadamente no Baixo Alentejo. Na faixa costeira é raro como nidificante, mas durante o Inverno é mais frequente e pode ser visto junto a zonas húmidas, com destaque para o estuário do Sado.

317. Pardal-montês *Passer montanus*

Residente pouco comum, que ocorre na maior parte do Alentejo, mas geralmente em densidades baixas. Parece ser um pouco mais frequente no vale do Sado do que no resto da sua área de distribuição.

318. Pardal-francês *Petronia petronia*

Residente pouco comum, distribui-se um pouco por todo o Alentejo, sendo aparentemente um pouco mais frequente na metade norte da região.

319. Bispo-de-coroa-amarela *Euplectes afer*

Residente pouco comum a comum. Esta ave africana foi introduzida em Portugal, possivelmente na segunda metade da década de 1980, e tem vindo a expandir-se no território nacional. No Alentejo apresenta já uma distribuição alargada na bacia hidrográfica do rio Sado, ocorrendo ao longo de uma vasta área que se estende desde a Comporta (Alcácer do Sal) até perto de Beja. Existem alguns registos noutros locais da região, nomeadamente ao longo da faixa costeira, na região de Mora e também em locais perto do rio Guadiana.

320. Bico-de-lacre *Estrilda astrild*

Espécie não autóctone de origem africana, introduzida em Portugal na década de 1960. Distribui-se por toda a região e é geralmente comum, embora seja localmente escasso em zonas de características serranas, como por exemplo a serra do Caldeirão.

321. Bengali-vermelho *Amandava amandava*

Residente pouco comum, nativo da Ásia e introduzido no país. Apresenta uma distribuição muito descontínua, conhecendo-se a sua ocorrência em diversos locais da região. Parece ser mais frequente no Alto Alentejo, em especial na zona de Elvas. Outras zonas onde tem sido observado são o vale do Sado, a lagoa dos Patos (Alvito) e a lagoa de Santo André. Conhecem-se também registos nalguns locais do distrito de Évora.

322. Bico-de-chumbo-malhado *Lonchura punctulata*

Esta espécie asiática foi introduzida no país e começou por ser observada em 2006 na zona de Alcácer do Sal. Nos anos seguintes expandiu-se pela região e actualmente ocupa uma grande parte do vale do Sado, bem como as zonas húmidas do litoral alentejano; os seus números aumentaram, conhecendo-se observações com mais de 100 aves. Nos distritos de Évora e Portalegre a sua presença é mais recente, tendo sido registada apenas a partir de 2016, havendo observações nas zonas de Vendas Novas, Montemor-o-Novo, Mora, Ponte de Sor, Elvas e Gavião.

323. Viuvinha-bico-de-lacre *Vidua macroura*

Espécie introduzida no país, que tem vindo a expandir-se de forma acentuada nos últimos anos, em especial nas regiões do norte e do centro. Um dos eixos de expansão tem sido o vale do rio Sorraia, tendo a espécie entrado já nos limites do Alentejo, com observações na zona de Mora, tanto em 2015 como em 2017.

324. Ferreirinha-alpina *Prunella collaris*

Invernante rara mas regular, com uma distribuição muito localizada. O principal local de ocorrência no Alentejo é o castelo de Marvão, onde a presença da espécie é regular e já chegaram a ser vistos 20 indivíduos juntos. Também já foi observada no cabo Sardão. Ocorre habitualmente de Novembro a Março.

325. Ferreirinha-comum *Prunella modularis*

Invernante pouco comum, que surge no Alentejo de Outubro a Março. Parece ser um pouco mais frequente nas zonas mais acidentadas cobertas, como por exemplo nas serras de Ossa e de São Mamede, na região de Mértola e nas serras do sudoeste.

326. Alvéola-amarela *Motacilla flava*

Estival nidificante, que se distribui apenas pelas zonas húmidas do Alentejo Litoral, como o estuário do Sado e a lagoa de Santo André. Pode ser localmente numerosa, como por exemplo no sapal da Carrasqueira (Alcácer do Sal). Durante as migrações ocorre também com frequência em locais onde não nidifica, mesmo no interior. Está presente na região desde finais de Fevereiro até Outubro.

327. Alvéola-citrina *Motacilla citreola*

Uma na lagoa de Santo André em Setembro de 1996.

328. Alvéola-cinzenta *Motacilla cinerea*

Residente e invernante, pouco comum. Como nidificante tem uma distribuição bastante descontínua; parece ser mais comum no extremo norte da região, particularmente na serra de São Mamede e na bacia do Tejo, ocorrendo de forma esparsa pelo resto do Alto Alentejo, pelo Alentejo Central e por certas zonas do Alentejo Litoral, mas estando ausente de grande parte da bacia do Guadiana. No Outono e no Inverno apresenta uma distribuição mais alargada e pode ser vista um pouco por toda a região, ocorrendo aí de Outubro a Março.

329. Alvéola-branca *Motacilla alba*

Residente pouco comum e invernante comum. Como nidificante tem uma distribuição alargada, mas ocorre em baixas densidades, sendo talvez um pouco mais frequente no Alto Alentejo, ao passo que no Inverno se pode considerar comum em toda a região. A subespécie *M. a. yarrellii*, oriunda das Ilhas Britânicas, observa-se em pequenos números durante a estação fria.

330. Petinha-de-richard *Anthus richardi*

Invernante rara, cuja presença em Portugal tem sido registada quase todos os anos. Existem várias observações em diversos locais do Alentejo Litoral, onde a sua presença poderá ser regular: o sapal da Carrasqueira (Alcácer do Sal); a lagoa de Santo André; e os planaltos costeiros da região de Vila Nova de Milfontes (Odemira). No interior é rara. O seu período de ocorrência estende-se sobretudo de Outubro a Março.

331. Petinha-de-blyth *Anthus godlewskii*

Apenas se conhece um registo desta petinha: uma ave em Malhão (Odemira) em Março de 2003.

332. Petinha-dos-campos *Anthus campestris*

Estival e migradora de passagem pouco comum. Nidifica de forma esparsa no Alentejo, sendo mais comum na faixa costeira a sul de Sines e também na parte central do Baixo Alentejo. Está presente sobretudo de Abril a Outubro, sendo ocasionalmente observada noutros meses, mesmo em pleno Inverno.

333. Petinha-dos-prados *Anthus pratensis*

Invernante muito comum, que ocorre um pouco por toda a região. Pode ser vista de finais de Setembro a princípios de Abril.

334. Petinha-das-árvores *Anthus trivialis*

Migradora de passagem pouco comum, que ocorre apenas na Primavera e no Outono. Parece ser mais frequente durante a migração pós-nupcial, em especial durante o mês de Setembro. O número reduzido de registos não permite definir onde é mais abundante.

335. Petinha-de-garganta-ruiva *Anthus cervinus*

São conhecidos treze registos desta espécie, todos envolvendo uma ou duas aves. Três dos registos foram efectuados na passagem pré-nupcial (Abril ou Maio), os restantes foram efectuados entre finais de Outubro e Fevereiro. As observações tiveram lugar na faixa costeira ou junto a pequenas albufeiras no interior.

336. Petinha-ribeirinha *Anthus spinoletta*

Invernante pouco comum, que surge durante a estação fria, de Outubro a Março, na maioria das zonas húmidas costeiras, onde pode ser localmente comum. No interior é menos frequente, aparecendo junto a planos de água ou em terrenos encharcados.

337. Petinha-marítima *Anthus petrosus*

Espécie acidental, oriunda no Norte da Europa. Conhece-se uma única observação na região: uma ave, portadora de uma anilha norueguesa, foi vista e fotografada no estuário do rio Mira em Fevereiro de 2017.

338. Tentilhão-comum *Fringilla coelebs*

Residente e invernante, muito comum. Como nidificante tem uma distribuição alargada, sendo mais numeroso no norte e no oeste da região e mais escasso na bacia do Guadiana. No Inverno aparece também nas planícies pouco arborizadas do Baixo Alentejo, onde está ausente como nidificante.

339. Tentilhão-montês *Fringilla montifringilla*

Invernante raro, ocorre sobretudo de Novembro a Fevereiro, mas os seus números variam marcadamente de ano para ano, podendo ser relativamente frequente em certos anos e estar praticamente ausente noutros. Associa-se frequentemente a outras espécies de fringilídeos.

340. Bico-grossudo *Coccothraustes coccothraustes*

Residente pouco comum, que se distribui por toda a região. Parece ser mais frequente nos vales do Sado e do Guadiana e em certas áreas do norte alentejano. No entanto, os seus hábitos furtivos dificultam a sua detecção.

341. Dom-fafe *Pyrrhula pyrrhula*

Residente e invernante, pouco comum. Ocorre um pouco por todo o Alentejo, podendo ser visto de meados de Outubro a princípios de Abril.

342. Pintarroxo-vermelho *Carpodacus erythrinus*

O único registo conhecido diz respeito a uma ave observada no cabo Sardão, Odemira, em Novembro de 2006.

343. Verdilhão-comum *Chloris chloris*

Residente comum, distribui-se por toda a região, sendo especialmente frequente na bacia do Sado e no Alto Alentejo.

344. Pintarroxo-comum *Linaria cannabina*

Residente comum, ocorre por todo o Alentejo, sendo aparentemente mais numeroso na metade interior da região, em especial na serra de São Mamede e no baixo Guadiana.

345. Pintassilgo *Carduelis carduelis*

Residente muito comum, que pode ser visto em todo o Alentejo. Na estação fria o seu efectivo aumenta devido à chegada de invernantes oriundos de outros países europeus.

346. Chamariz *Serinus serinus*

Residente muito comum, que se distribui por todo o Alentejo. É mais abundante na parte norte da região, tornando-se menos comum à medida que se avança para sul.

347. Lugre *Spinus spinus*

Este invernante ocorre desde Outubro até princípios de Abril. Observa-se um pouco por todo o Alentejo. A sua abundância varia acentuadamente de uns anos para outros, havendo certos anos em que o lugre é bastante comum e outros em que é escasso.

348. Escrevedeira-das-neves *Plectrophenax nivalis*

Invernante muito rara e possivelmente irregular. Existem pelo menos duas observações recentes: uma ave junto à albufeira do Caia, em Janeiro de 2011 e um bando de três aves na península da Carrasqueira (Alcácer do Sal), em Dezembro de 2013 e Janeiro de 2014.

349. Trigueirão *Emberiza calandra*

Residente muito comum. Distribui-se por toda a região, sendo especialmente frequente nas zonas mais desarborizadas.

Trigueirão

350. Cia *Emberiza cia*

Residente pouco comum, com uma distribuição bastante descontínua. Ocorre sobretudo na metade interior, quer ao longo da bacia do Guadiana, em particular a sul de Mourão, quer na serra de São Mamede, quer ainda na bacia do Tejo. Ocorre também nas serras do sudoeste, ao longo da bacia do Mira. No resto da região é relativamente rara, ocorrendo de forma esparsa em certas zonas do Alentejo Central.

351. Sombria *Emberiza hortulana*

Migradora de passagem pouco comum, que aparece por vezes durante os meses de Setembro e Outubro, especialmente nas terras baixas do litoral. Na passagem pré-nupcial é rara.

352. Escrevedeira-de-garganta-preta *Emberiza cirlus*

Residente pouco comum. Distribui-se principalmente pelo distrito de Portalegre, pela metade ocidental do distrito de Évora e ainda pelo Alentejo Litoral, sendo razoavelmente comum no baixo Sado e na serra de São Mamede. É bastante escassa em toda a bacia do Guadiana, estando ausente de uma grande parte do Baixo Alentejo.

353. Escrevedeira-pequena *Emberiza pusilla*

São conhecidos quatro registos desta escrevedeira, todos referentes a aves isoladas e realizados entre Outubro e Fevereiro. Três dos registos foram realizados na lagoa de Santo André e o outro na península da Carrasqueira (Alcácer do Sal).

354. Escrevedeira-de-pallas *Emberiza pallasi*

Divagante muito rara, oriunda da Ásia. Conhece-se um único registo na região, referente a uma ave na lagoa de Santo André em Janeiro de 1997.

355. Escrevedeira-dos-caniços *Emberiza schoeniclus*

Invernante comum, com uma distribuição bastante descontínua, que reflecte a sua disponibilidade de habitat. Os principais locais de ocorrência são o vale do Sado e a lagoa de Santo André, mas também há registos em diversos locais do interior. Existem observações primaveris no estuário do Sado e é possível que exista nesse local uma pequena população nidificante.

Apêndice: Espécies de estatuto indeterminado

Incluem-se nesta secção nove espécies cujo estatuto na região não se encontra totalmente esclarecido. Em oito desses casos, trata-se de aves que foram observadas em liberdade no Alentejo, mas para as quais subsistem dúvidas no que diz respeito à sua proveniência – embora se admita que se trate de aves divagantes que chegaram ao território nacional de forma natural, não se pode excluir a possibilidade de terem fugido de cativeiro. Inclui-se também uma espécie (quebra-ossos) para a qual existe um registo histórico, mas do qual não existe a certeza sobre se o local do registo se situa dentro dos limites da região considerada.

356. Cisne-mudo *Cygnus olor*

Existem cerca de 20 registos, a maioria dos quais em barragens ou açudes no interior da região, havendo também algumas ocorrências na lagoa de Santo André. As observações, na sua maioria efectuadas no período que se estende de Outubro a Março, envolveram aves isoladas ou pequenos bandos até um máximo de seis indivíduos. Já foi confirmada a reprodução por diversas ocasiões de aves em liberdade ou semi-libedade e observados movimentos entre zonas húmidas do baixo Alentejo, sendo possível que se venham a estabelecer núcleos reprodutores.

357. Pato-ferrugíneo *Tadorna ferruginea*

São conhecidas cerca de 15 observações posteriores a 1990, a maioria das quais no distrito de Évora. A maior concentração envolveu 12 indivíduos observados na albufeira do Torres (Évora) em Dezembro de 2013, seguida de outra no mesmo local envolvendo 8 indivíduos em Janeiro de 2018. A origem das aves é desconhecida, não se podendo excluir a possibilidade de se tratar de indivíduos fugidos de cativeiro.

358. Pelicano-branco *Pelecanus onocrotalus*

Conhecem-se quatro registos deste pelicano no Alentejo: o primeiro envolveu uma ave imatura na lagoa de Santo André, em Agosto de 1995; o segundo refere-se a duas aves no mesmo local em Agosto de 1998; o terceiro registo foi de uma ave imatura na albufeira do Caia, em Março de 2006; e por fim um no estuário do Sado em Dezembro de 2006.

359. Marabu *Leptoptilos crumenifer*

Existem dois registos conhecidos no Alentejo: o primeiro envolveu uma ave que esteve presente no estuário do Sado entre Outubro de 1996 e Março de 1997; o segundo diz respeito a uma ave observada em Agosto de 1997 em Alpalhão (Nisa) e na albufeira da Póvoa (Castelo de Vide).

360. Íbis-sagrada *Threskiornis aethiopicus*

Um indivíduo observado em Monte Novo de Palma, estuário do Sado, em Dezembro de 2004 e outro perto de Elvas em Julho de 2020. Estes são os únicos registos conhecidos na região Alentejo, embora existam várias observações nas regiões envolventes, tanto na Estremadura e no Algarve como na margem espanhola do rio Guadiana.

361. Quebra-ossos *Gypaetus barbatus*

Duas aves (um adulto e um juvenil) abatidas no rio Guadiana pelo Rei D. Carlos em Junho de 1888. Estas aves encontram-se conservadas no Museu da Universidade de Coimbra. O local exacto da captura é desconhecido e, embora seja provável que ele se situasse no Alentejo, não existe uma indicação precisa, razão pela qual a espécie foi incluída nesta secção. Em Maio de 2018, uma ave oriunda de um projecto de reintrodução a decorrer em Espanha foi observada na zona de Mértola.

362. Bútio-mourisco *Buteo rufinus*

Existem vários registos publicados atribuídos a esta espécie, referentes a observações realizadas no Alentejo. No entanto a identificação destas aves não é fácil e até à data não houve qualquer registo inequívoco. O estatuto desta espécie na região permanece incerto e por esse motivo foi incluída nesta secção.

363. Gerifalte *Falco rusticolus*

A única observação documentada diz respeito a um indivíduo na zona do Malhão (Odemira) em Março de 1991. Existe contudo uma referência a uma outra ave, que terá sido vista na zona de Casebres (Alcácer do Sal) em Março de 1986.

364. Gralha-cinzenta *Corvus cornix*

Esta gralha, que até recentemente era considerada uma subespécie da gralha-preta, foi observada no litoral alentejano: um indivíduo esteve presente pelo menos entre Junho e Outubro de 2020 entre Ribeira da Azenha (Odemira) e Porto Covo (Sines).

Bibliografia Consultada

Aves de Portugal – o portal dos observadores de aves. Em linha: http://www.avesdeportugal.info. Consultado em 12.04.2016.

Candeias, D. & Castro, M. 1982. Aves com Anilhas Estrangeiras Capturadas em Portugal até Final de 1981. CEMPA/SEA, Lisboa.

Catry, P., Costa, H., Elias, G. & Matias, R. 2010. *Aves de Portugal. Ornitologia do território continental*. Assírio & Alvim, Lisboa.

Costa, H. & Comité Português de Raridades da SPEA 1997. Aves de ocorrência rara ou acidental em Portugal. Relatório do Comité Português de Raridades referente ao ano de 1995. *Pardela* 5: 4-19.

Costa, H. & Farinha, J. C. (compil.) 1994. Lista das observações de aves de ocorrência rara ou acidental homologadas pelo Comité Ibérico de Raridades. *Airo* 5: 37-40.

Costa, H. & Farinha, J. C. (compil.) 1995. Lista de observações de aves de ocorrência rara ou acidental em Portugal, homologadas pelo Comité Ibérico de Raridades. *Airo* 6: 76-79.

Costa, H. & Farinha, J. C. (compil.) 1996. Lista das observações de aves de ocorrência rara ou acidental em Portugal homologadas pelo Comité Ibérico de Raridades. *Airo* 7 (2): 96-98.

Costa, H., Bolton, M., Catry, P., Gordinho, L. & Moore, C. C. 1999a. Aves de ocorrência rara ou acidental em Portugal. Relatório do Comité Português de Raridades referente ao ano de 1996. *Pardela* 8: 3-23.

Costa, H., Bolton, M., Catry, P., Matias, R., Moore, C. C. & Tomé, R. 2000b. Aves de ocorrência rara ou acidental em Portugal. Relatório do Comité Português de Raridades referente aos anos de 1997 e 1998. *Pardela* 11: 3-27.

Costa, H., Bolton, M., Matias, R., Moore, C. C. & Tomé, R. 2003. Aves de ocorrência rara ou acidental em Portugal. Relatório do Comité Português de Raridades referentes aos anos de 1999, 2000 e 2001. *Anuário Ornitológico* 1: 3-35.

Crochet P.-A., Joynt G. (2015). AERC list of Western Palearctic birds. July 2015 version. Em linha: http://www.aerc.eu/tac.html. Consultado em 04.03.2016.

e-bird PortugalAves – Em linha: http://ebird.org/content/portugal/. Consultado em 18.04.2016.

Elias, G., Costa, H., Matias, R., Moore, C. C. & Tomé, R. 2004. Aves de ocorrência rara ou acidental em Portugal. Relatório do Comité Português de Raridades referente ao ano de 2002. *Anuário Ornitológico* 2: 1-20.

Elias, G., Costa, H., Matias, R., Moore, C. C. & Tomé, R. 2005. Aves de ocorrência rara ou acidental em Portugal. Relatório do Comité Português de Raridades referente ao ano de 2003. *Anuário Ornitológico* 3: 1-22.

Elias, G., Costa, H., Matias, R., Moore, C. C. & Tomé, R. 2006. Aves de ocorrência rara ou acidental em Portugal. Relatório do Comité Português de Raridades referente ao ano de 2004. *Anuário Ornitológico* 4: 1-16.

Elias, G., Reino, L. M., Silva, T., Tomé, R. & Geraldes, P. (Coords.) 1998. *Atlas das Aves Invernantes do Baixo Alentejo*. Sociedade Portuguesa para o Estudo das Aves, Lisboa.

Encarnação, V. 2015. *VI Censo Nacional de Cegonha-branca* Ciconia ciconia *(2014)*. ICNF, Lisboa.

Equipa Atlas 2008. *Atlas das Aves Nidificantes em Portugal (1999-2005)*. Instituto da Conservação da Natureza, Sociedade Portuguesa para o Estudo das Aves, Parque Natural da Madeira e Secretaria Regional do Ambiente e do Mar. Assírio & Alvim, Lisboa.

Farinha, J. C. & Costa, H. 1993. Lista de observações de aves de ocorrência rara ou acidental em Portugal, homologadas pelo Comité Ibérico de Raridades. *Airo* 4: 34-37.

Farinha, J. C. (Compil.) 1991c. Lista das observações de aves efectuadas em Portugal, aceites pelo Comité Ibérico de Raridades. *Airo* 2: 25-27.

Jara, J., Alfrey, P., Costa, H., Matias, R., Moore, C. C., Santos, J. L. & Tipper, R. Relatório do Comité Português de Raridades referente aos anos de 2008 e 2009. *Anuário Ornitológico* 7: 3-71. Em linha. http://www.spea.pt/fotos/editor2/spea_anuario_ornitologico_7_relat orio_cpr_p3_71.pdf. Consultado em 20.03.2016.

Jara, J., Costa, H., Elias, G., Matias, R., Moore, C.C. & Tomé, R. 2007. Aves de ocorrência rara ou acidental em Portugal. Relatório do Comité Português de Raridades referente ao ano de 2005. *Anuário Ornitológico* 5: 1-34.

Jara, J., Costa, H., Matias, R., Moore, C. C., Noivo, C. & Tipper, R. 2009. Aves de ocorrência rara ou acidental em Portugal. Relatório do Comité Português de Raridades referente aos anos de 2006 e 2007. *Anuário Ornitológico* 6: 1-45.

Matias, R. (Comp.) 2003. Aves exóticas em Portugal: anos de 2000 e 2001. *Anuário Ornitológico 1*: 47-51.

Matias, R. (Comp.) 2004. Aves exóticas em Portugal: ano de 2002. *Anuário Ornitológico 2*: 55-63.

Matias, R. (Comp.) 2006. Aves exóticas em Portugal: anos de 2003 e 2004. *Anuário Ornitológico 4*: 55-63.

Matias, R. 2009-10. Aves exóticas em Portugal: anos de 2005-2008. *Anuário Ornitológico 7*: 95-108. Em linha http://www.spea.pt/fotos/editor2/spea_anuario_ornitologico_aves_e xoticas_em_portugal_2005_2008_p95_108.pdf. Consultado em 29.03.2016.

Matias, R. 2011. Aves exóticas em Portugal: anos de 2009 e 2010. *Anuário Ornitológico 8*: 94-104. Em linha. http://www.spea.pt/fotos/editor2/anuario_ornitologico8_3.pdf. Consultado em 29.03.2016.

Matias, R., Catry, P., Costa, H., Elias, G., Jara, J, Moore, C.C. & Tomé, R. 2007. Lista sistemática das aves de Portugal Continental. *Anuário Ornitológico 5*: 74-132.

Meirinho A, Barros N , Oliveira N , Catry P, Lecoq M, Paiva V, Geraldes P, Granadeiro JP, Ramírez I & Andrade J (2014). *Atlas das Aves Marinhas de Portugal*. Sociedade Portuguesa para o Estudo das Aves. Em linha www.atlasavesmarinhas.pt. Consultado em 19.04.2016.

Muchaxo, J., Alfrey, P., Costa, H., Jara, J., Matias, R., Moore, C. C., Santos, J. L. & Tipper, R. Aves de ocorrência rara ou acidental em Portugal. Relatório do Comité Português de Raridades referente ao ano de 2010. *Anuário Ornitológico 8*: 3-52. Em linha. http://www.spea.pt/fotos/editor2/anuario_volume8_1.pdf. Consultado em 15.03.2016.

Noticiário Ornitológico – publicação electrónica da Sociedade Portuguesa para o Estudo das Aves, distribuído por e-mail.

Reis Júnior, J. A. 1931. *Catálogo Sistemático e Analítico das Aves de Portugal*. Araújo & Sobrinhos e Sucessores, Porto.

Rufino, R. (Coord.) 1989. Atlas das Aves que Nidificam em Portugal Continental. CEMPA / SNPRCN, Lisboa.

Sengo, R., N. Oliveira, J. Andrade, N. Barros, I. Ramírez. 2012. Três anos de RAM em Portugal Continental (2009 - 2011). Sociedade Portuguesa para o Estudo das Aves, Lisboa (relatório não publicado). Em linha: http://www.spea.pt/fotos/editor2/relatorio_censos_costeiros_2009_2 011.pdf. Consultado em 18.03.2016.

LISTA ANOTADA

Índice Remissivo

A

R

Rabirruivo-de-testa-branca, 90
Rabirruivo-preto, 89
Rallus aquaticus, 34
Recurvirostra avosetta, 39
Regulus ignicapilla, 85
Regulus regulus, 85
Remiz pendulinus, 76
Riparia riparia, 77
Rissa tridactyla, 49
Rola-brava, 34
Rola-do-mar, 43
Rola-turca, 34
Rolieiro, 70
Rouxinol-bravo, 79
Rouxinol-comum, 89
Rouxinol-do-mato, 88
Rouxinol-grande-dos-caniços, 80
Rouxinol-pequeno-dos-caniços, 82

S

Saxicola maurus, 91
Saxicola rubetra, 90
Saxicola rubicola, 90
Scolopax rusticola, 46
Seixoeira, 43
Serinus serinus, 98
Sisão, 32
Sitta europaea, 86
Somateria mollissima, 28
Somateria spectabilis, 28
Sombria, 99
Spatula clypeata, 24
Spatula discors, 24
Spatula querquedula, 24
Spinus spinus, 98
Stercorarius parasiticus, 56
Stercorarius pomarinus, 56
Stercorarius skua, 56
Sterna dougallii, 54
Sterna hirundo, 54
Sterna paradisaea, 55
Sternula albifrons, 54
Streptopelia decaocto, 34
Streptopelia turtur, 34

Strix aluco, 69
Sturnus unicolor, 87
Sturnus vulgaris, 86
Sula sula, 60
Sylvia atricapilla, 83
Sylvia borin, 83

T

Tachybaptus ruficollis, 37
Tachymarptis melba, 30
Tadorna ferruginea, 101
Tadorna tadorna, 24
Tarambola-cinzenta, 40
Tarambola-dourada, 40
Tarambola-dourada-americana, 40
Tartaranhão-azulado, 67
Tartaranhão-caçador, 67
Tartaranhão-dos-pauis, 67
Tartaranhão-pálido, 67
Tentilhão-comum, 97
Tentilhão-montês, 97
Tetrax tetrax, 32
Thalasseus sandvicensis, 54
Threskiornis aethiopicus, 102
Tichodroma muraria, 86
Toirão, 38
Torcicolo, 70
Torda-mergulheira, 56
Tordo-comum, 88
Tordo-ruivo, 87
Tordoveia, 88
Tordo-zornal, 87
Toutinegra-carrasqueira, 84
Toutinegra-das-figueiras, 83
Toutinegra-de-barrete-preto, 83
Toutinegra-de-cabeça-preta, 84
Toutinegra-do-mato, 84
Toutinegra-real, 83
Toutinegra-tomilheira, 84
Trepadeira-azul, 86
Trepadeira-comum, 86
Trepadeira-dos-muros, 86
Trigueirão, 99
Tringa erythropus, 48
Tringa flavipes, 47
Tringa glareola, 48
Tringa melanoleuca, 49

Sobre o autor

Gonçalo Elias nasceu em Lisboa em 1968. Dedica-se à observação e ao estudo das aves desde Dezembro de 1987. Tem uma ampla experiência de campo, aliada a um bom conhecimento do território, tendo já visitado todos os concelhos de Portugal Continental e quase todos os das ilhas, bem como mais de 30 países, distribuídos por quatro continentes, com o intuito de observar aves selvagens. Colaborou em oito atlas ornitológicos em Portugal, Espanha e Tanzânia. É autor ou co-autor de vinte livros sobre as aves portuguesas e sobre os melhores locais para as observar, incluindo: *Guia das Aves de Lisboa*, *As Aves do Estuário do Tejo*, *As Aves do Estuário do Sado*, *A Birdwatcher's Guide to Portugal*, *Aves de Portugal – Ornitologia do território continental* e *Birding hotspots in the Algarve* (uma série de 8 livros), bem como de diversos artigos publicados em revistas da especialidade.

Sócio fundador da SPEA – Sociedade Portuguesa para o Estudo das Aves, a cuja Direcção pertenceu entre 1999 e 2002. Foi coordenador do CPR – Comité Português de Raridades entre 2002 e 2006. Desde 2007 promove a actividade de observação de aves usando as novas tecnologias de informação e comunicação, sendo fundador e administrador do Forum Aves (a maior comunidade *online* de observadores de aves em Portugal), lançado em Julho de 2007, bem como fundador e coordenador do portal avesdeportugal.info, lançado em Janeiro de 2008. No âmbito deste portal tem organizado, desde 2011, cursos *online* gratuitos, com o objectivo de promover, junto da comunidade lusófona, o desenvolvimento de competências de identificação das aves selvagens de Portugal.

É licenciado em Engenharia Electrotécnica e de Computadores (IST, 1991) e possui um MBA em Gestão de Empresas (UNL, 1996), sendo igualmente formador profissional certificado pelo IEFP.